W0399147

« La prison doit changer,
la prison va changer »
avait-il dit

DES MÊMES AUTEURS

VÉRONIQUE VASSEUR

Médecin-chef à la prison de la Santé, Le Cherche-Midi, 2000.

L'Hôpital en danger, Flammarion, 2005.

À la rue : quand travailler ne suffit plus, avec Hélène Fresnel, Flammarion, 2008.

Le Panier de crabes : les dessous des campagnes électorales, Flammarion, 2009.

GABRIEL MOUESCA

Prison@.net : journal d'une longue peine, Gatuzain, 2002.

La Nuque raide : entretiens avec Diane Carron, Philippe Rey, 2006.

Véronique Vasseur
Gabriel Mouesca

« La prison doit changer, la prison va changer » avait-il dit

Flammarion

© Flammarion, 2011.
ISBN : 978-2-0812-6632-2

Prologue

« La prison doit changer, la prison va changer ! », avait-il dit… Qui ? Nicolas Sarkozy, le 22 janvier 2007, en marge de sa visite du centre pénitentiaire pour femmes de Rennes.

Cette promesse du futur président de la République est venue confirmer l'engagement qu'il avait pris quelques jours plus tôt auprès des états généraux de la condition pénitentiaire.

À l'instar des autres candidats à la magistrature suprême, il s'était déclaré favorable à une grande réforme du système pénitentiaire et à la création d'une instance de contrôle des prisons indépendante.

Le nouveau chef de l'État a tenu parole. Le contrôleur général des lieux de privation de liberté a été instauré en octobre 2007 et la loi pénitentiaire votée en novembre 2009.

Mais la prison a-t-elle changé pour autant ?

Non, affirme Jean-Marie Delarue, nommé contrôleur général en juin 2008 : « La prison doit encore changer. »

« Tout reste à faire », ajoutent en écho Véronique Vasseur et Gabriel Mouesca.

Nous avons proposé à ces deux figures emblématiques – qui incarnent l'indignation et l'interpellation citoyennes sur la question carcérale – de porter un regard croisé sur la décennie écoulée. Leur dialogue – instructif, concret, polémique aussi – livre un éclairage inédit sur l'inertie scandaleuse des prisons françaises.

De cette chronique des années 2000, il ressort de façon saisissante que l'ambivalence du discours de Nicolas Sarkozy n'est que l'ultime avatar de l'ambiguïté profonde de l'ensemble de la classe politique face à la peine privative de liberté.

Comme si le sort réservé au nom du peuple français aux personnes incarcérées – autrement dit la vie quotidienne dans les geôles de la République – était indifférent à l'intérêt général.

Comme si la prison pouvait demeurer un no man's land pour les principes et les valeurs portés haut et fort par la patrie de Droits de l'homme.

« Nous ne pouvons juger du degré de civilisation d'une nation qu'en visitant ses prisons », écrivait Albert Camus. Encore faut-il – afin de se forger une opinion – parvenir à franchir leurs portes. Or l'administration pénitentiaire ne facilite pas, dans notre pays, l'exercice pour chacun de son droit de regard.

Véronique Vasseur et Gabriel Mouesca, eux, ont accepté de nous faire partager ce qu'ils savent de la prison.

Écoutons ce qu'ils nous disent.

L'éditeur

Née en 1951, **Véronique Vasseur** est l'auteur du témoignage choc *Médecin-chef à la prison de la Santé*[1] paru en janvier 2000. Après neuf années d'exercice intra-muros, elle a démissionné de son poste en novembre, annonçant le même jour qu'elle rejoignait la section française de l'Observatoire international des prisons (OIP) dont elle fut la trésorière entre 2001 et 2004. Depuis, on l'a vue – avec le courage, la franchise et le bon sens qui la caractérisent – raconter les réalités de l'hôpital[2], de la pauvreté en France[3], des campagnes électorales[4], jouant à chaque fois le rôle (que beaucoup refusent d'endosser) du

1. *Médecin-chef à la prison de la Santé*, Le Cherche-Midi, 2000.
2. *L'Hôpital en danger*, Flammarion, 2005.
3. *À la rue : quand travailler ne suffit plus*, avec Hélène Fresnel, Flammarion, 2008.
4. *Le Panier de crabes*, Flammarion, 2009.

grain de sable empêchant de ronronner en silence et poussant à agir.

Né en 1961, **Gabriel Mouesca** fut l'un des leaders historiques de l'Organisation basque Iparretarrak. Arrêté en 1984, il a passé dix-sept années de sa vie en détention. Libéré en juillet 2001, il devient le chargé de mission « prison » de la Croix-Rouge, occupant cette même fonction depuis 2009 au sein du mouvement Emmaüs en France. Entre-temps, « Gabi » a été le président de la section française de l'Observatoire international des prisons (OIP) de 2004 à 2009. Succédant à l'avocat Thierry Lévy, il a lui-même transmis le relais à la journaliste Florence Aubenas.

Prélude…

Véronique Vasseur : C'est à peine croyable, lorsqu'on y songe, mais nous avons bien failli ne jamais nous croiser en prison. Alors que, à nous deux, nous y sommes restés vingt-six ans !

Gabriel Mouesca : Je me souviens très précisément de ce qui fut notre seule et unique rencontre intra-muros. Je venais d'être transféré à la maison d'arrêt de la Santé, début avril 2000, quelques semaines après la parution de ton livre[1]. Un jour, un surveillant m'a dit que tu souhaitais me voir en consultation. Je n'ai pas compris sur le coup pourquoi celle par qui le scandale arrivait – le célèbre docteur Vasseur – désirait m'ausculter. Je ne me sentais pas malade…

VV : Et tu ne l'étais pas le moins du monde…

---

1. *Médecin-chef à la prison de la Santé*, Le Cherche-Midi, 2000.

GM : En fait, tu m'avais convoqué dans ton cabinet médical pour me transmettre le bonjour d'un ami commun.

VV : Pierre Pradier. Qui m'avait dit : « Tu verras, ce Gabriel Mouesca est en prison, mais dépasse de la tête et des deux épaules beaucoup de ceux qui sont dehors. »

GM : Un homme de cœur s'il en est. Médecin, président d'honneur de Médecins du monde et député européen, c'est à lui que l'on doit la résolution du 17 décembre 1998 du Parlement européen sur les prisons. Où figure pour la première fois une double injonction européenne faite à la France : élaborer une loi pénitentiaire garantissant les droits des détenus et créer un organe de contrôle indépendant qu'ils pourront saisir en cas de violation de leurs droits.

VV : Quel sacré bonhomme. Il a largement inspiré ma propre démarche de témoignage.

GM : Ce sont des personnes de sa trempe qui vous aident à tenir debout dans l'adversité. J'en témoigne.

VV : Je me réjouis que notre discussion débute par cet hommage à Pierre, décédé en 2003. Peut-être pourrions-nous la dédier à sa mémoire.

GM : Placé sous cette égide, notre échange ne peut qu'être fructueux...

VV : Justement, comment as-tu réagi à la proposition de dialogue faite par Flammarion ?

GM : Favorablement, comme chaque fois que l'on me propose une action susceptible de faire avancer une cause qui m'est chère. L'idée de nous réunir pour tourner une à une les pages de la décennie passée me semble une excellente manière de transmettre ce que nous avons appris et compris de la prison. Et toi, qu'attends-tu des heures de discussion à bâtons rompus qui s'annoncent ?

VV : Nos parcours donnent un vrai sens à cette idée de chronique à deux voix. Nous avons chacun eu une place unique au long des années 2000, en étant tout à la fois acteurs et observateurs, de l'intérieur puis de l'extérieur. Tu étais détenu et moi médecin en prison quand mon livre est sorti. Puis, après ma démission en novembre 2000 et ta libération en juillet 2001, nous avons fait le même choix de rejoindre l'Observatoire international des prisons.

GM : Je dois ajouter un élément : il ne s'agit pas seulement, à mes yeux, de remettre certaines pendules à l'heure, mais aussi de prévenir que je suis étranger à toute tentation de Venise.

VV : Mon approche est identique. Nous voilà donc partis, si je comprends bien… pour le premier tome de cet ouvrage.

L'ANNÉE 2000

Nombre de détenus :
51 441 au 1er janvier 2000
47 837 au 31 décembre 2000
Nombre de places de prison :
49 294 au 1er janvier 2000
48 593 au 31 décembre 2000

Gardes des Sceaux : Élisabeth Guigou (4 juin 1997-17 octobre 2000) puis Marylise Lebranchu (18 octobre 2000-3 mai 2002).

Directrice de l'administration pénitentiaire : Martine Viallet, administratrice civile (15 mars 1999-10 septembre 2001).

Dans son édition datée du vendredi 14 janvier 2000, le journal *Le Monde* public quelques « bonnes feuilles » du livre à paraître de Véronique Vasseur, médecin-chef à la prison de la Santé[1]. Celle qui occupe cette fonction depuis 1993 ne cachait plus depuis quelques semaines ce qu'elle préparait. Son carnet de bord. Publié tel quel. Ou presque. Ces extraits vont faire l'effet d'une bombe. Le jour même, la Chancellerie prend une décision pour le moins inattendue : elle veut ouvrir dès le lendemain de la parution les portes de la maison d'arrêt à toute la presse nationale et internationale. Pour la prendre à témoin. Ce qui devait éteindre l'incendie ne va que l'amplifier. L'effervescence est telle que les politiques de tous bords réclament la création de commissions d'enquête, au Sénat comme à l'Assemblée nationale. Débutant leurs

1. *Op. cit.*, p. 17.

travaux aux premiers jours de février, les parlementaires entament une longue série d'auditions et de visites. Six mois plus tard, au cœur de l'été, paraissent deux rapports. Leurs titres – « Une humiliation pour la République », « La France face à ses prisons » – résument à eux seuls la gravité du constat qui vient d'être établi et l'examen de conscience qui s'impose.

Ces six premiers mois de l'année 2000 sont gravés dans les mémoires comme la période d'un big bang dans l'histoire des prisons françaises. Un big bang souhaité et préparé de longue date par de nombreux acteurs du monde carcéral et dont les signes annonciateurs s'étaient multipliés au cours de la décennie précédente.

L'impact médiatique et politique est d'autant plus fort que le terreau était favorable, résultat d'initiatives diverses engagées depuis le début des années 1990. Rappelons-les en quelques lignes.

En faisant référence d'abord aux démarches d'ordre institutionnel ou citoyen avec, en 1990, les premiers pas du Comité de prévention de la torture (CPT) du Conseil de l'Europe. Et, en 1991, l'appel à la constitution d'un Observatoire international des prisons (OIP). L'un et l'autre vont commencer à faire état dans leurs rapports de la situation des prisons françaises, en 1993,

1996 et 1998 pour le CPT, chaque année à partir de 1993 pour l'OIP.

En faisant droit, ensuite, à certains précédents concernant les prises de paroles venues de l'intérieur. Celles des personnes détenues elles-mêmes, bien évidemment, même si elles émanent essentiellement d'anciens prisonniers ou prisonnières. Celles aussi des surveillants. On citera *Derrière les barreaux*, témoignage de C. Lambert, paru en 1999. Celles encore des hommes et des femmes qui interviennent quotidiennement en détention. Ainsi, *Les Prisons de la honte* de l'aumônier de la maison d'arrêt du Mans, Michel Niaussat, en 1998. Celles, enfin, des chercheurs et des juristes qui, par leurs travaux ou analyses respectifs, ont pointé du doigt différents aspects de la condition pénitentiaire. Par exemple, *Pauvretés en prison* d'Anne-Marie Marchetti, en 1997, ou *Les Prisons de la misère* de Loïc Wacquant, en 1999.

Il faut aussi mentionner le tournant majeur qu'a constitué l'arrêt Marie, rendu le 17 février 1995 par le Conseil d'État. Avec cette décision, qui admet la recevabilité de la requête d'une personne détenue contre une sanction disciplinaire prise contre lui et qui annule cette sanction, la haute juridiction met un terme à une longue et ancienne réticence du juge administratif à pénétrer dans l'univers carcéral. Elle amorce ainsi une évolution jurisprudentielle qui va, notamment, sonner peu à peu le glas des « mesures individuelles d'ordre intérieur » dont l'administration pénitentiaire usait jusque-là de façon discrétionnaire, arbitraire même, sans aucun contrôle juridictionnel.

Il faut enfin évoquer l'affaire de la maison de Beauvais et ses conséquences. Le 4 mai 1999, *Libération* révèle les faits graves – « coups portés contre les détenus, harcèlement sexuel contre les femmes détenues, injures racistes » – portés au compte d'une poignée de surveillants faisant régner la terreur avec la complaisance de la direction. Pendant trois années, entre 1995 et 1998, ces agissements se dérouleront sans qu'ils soient connus ou même subodorés par la hiérarchie de la pénitentiaire. Un mois plus tard, le 16 juin, dans le cadre d'une lettre ouverte aux parlementaires, l'OIP et une myriade d'associations réclament la création d'une instance de contrôle des prisons indépendante de l'administration. Par la même occasion, ils font remarquer aux élus qu'ils n'ont pas plus la possibilité d'entrer en prison que n'importe quel citoyen. Le 23 juin, les députés se dotent d'un droit de visite, tandis que, le 8 juillet, la garde des Sceaux Élisabeth Guigou charge le Premier président de la Cour de cassation, Guy Canivet, de réfléchir à un dispositif de contrôle extérieur. Son rapport est remis en mars 2000. Après une analyse minutieuse du droit de la prison et de ses évolutions, il jette les bases de ce que doit être le système de contrôle et précise qu'il suppose au préalable l'élaboration d'une loi pénitentiaire définissant les missions de l'institution carcérale et le statut juridique de la personne détenue.

La feuille de route de la décennie est tracée.

Les « bonnes feuilles » du *Monde*...

Gabriel Mouesca : L'explosion médiatique et politique provoquée par ton livre a été impressionnante. J'exagère à peine en te disant que je l'ai ressentie du fond de ma cellule de la centrale d'Arles...

Véronique Vasseur : Il faut dire que la charge était forte... Plus sérieusement, on ne pouvait guère rêver mieux comme étincelle, pour provoquer l'explosion dont tu parles, que cet engagement du *Monde* qui décide de publier de larges extraits de mon bouquin, une semaine avant sa parution.

GM : Cela ne te surprendra pas, je n'ai pu lire ton ouvrage qu'à ma sortie de prison, pendant l'été 2001. Pour moi, au travers de ce témoignage, tu as été fidèle à ton serment de médecin. Tu y as décrit ce que le commun des mortels devait savoir de la prison. Et, vu son retentissement, tu as permis que beaucoup ne l'ignorent plus. Voire pour certains – je veux parler des politiques –, qu'ils cessent de feindre de l'ignorer. Bref, tu as fait œuvre de salubrité publique.

VV : Merci, j'apprécie ces mots venant de toi, qui incarnes ce qu'il faut de force et de détermination pour sortir debout d'une si longue détention.

La journée « portes ouvertes »…

Véronique Vasseur : Cela étant dit, je crois que la déferlante d'articles et de reportages est surtout due à la réaction de la Chancellerie qui décide, aussitôt *Le Monde* paru, d'ouvrir les portes de la maison d'arrêt de la Santé à toute la presse, nationale et internationale.

Gabriel Mouesca : Même si le terme de journée « portes ouvertes » fait sourire un peu jaune les détenus ou les anciens comme moi, il faut saluer cette démarche pour le moins inhabituelle de la part du ministère de la Justice.

VV : Je crois que c'est une première ! Ce fut très positif comme réaction.

GM : On peut aussi se dire que la réplique a été à la hauteur de l'agression qu'ils ont eu le sentiment de subir de ta part.

VV : On peut le voir ainsi, effectivement…

GM : En tout cas, on peine à croire qu'ils aient eu l'illusion d'éteindre ainsi la mèche que tu avais allumée. D'autant qu'à peine *Le Monde* paru, l'OIP avait lancé sur les ondes un appel sur un registre très clair : « Que mille Vasseur prennent la parole ! » Du coup, l'initiative gouvernementale revenait presque à mettre de l'huile sur le feu !

VV : C'est très curieux en effet. Je ne me l'explique toujours pas dix ans après… De surcroît dans un contexte où la presse était globalement interdite de séjour dans les prisons.

GM : Il ne fallait pas être grand clerc pour imaginer un effet boomerang !

VV : Au point que je me suis demandé si ce n'était pas une volonté délibérée de la part de la garde des Sceaux, Élisabeth Guigou, de saisir l'opportunité qui s'offrait à elle pour faire avancer un dossier qui devait lui tenir à cœur.

GM : Permets-moi d'en douter. Fin 1997, elle avait refusé catégoriquement que la pénitentiaire soit placée dans le champ de contrôle de la future Commission nationale de déontologie de la sécurité. Ça donne une petite idée du côté où son cœur penchait…

VV : D'accord, mais elle a fini par admettre que c'était nécessaire. Je pense qu'elle a compris que la situation allait un jour lui sauter à la figure. Et puis, c'est quand même elle, en juillet 1999, qui a installé le groupe de travail présidé par Canivet, le plus haut magistrat de France à l'époque, en lui demandant de réfléchir à un système de contrôle des prisons qui soit totalement extérieur à la pénitentiaire !

GM : Certes, mais elle l'a fait un peu contrainte et forcée par l'OIP… qui venait de réclamer l'instauration d'une telle instance après le scandale retentissant provoqué par l'affaire de Beauvais.

VV : On ne saura jamais… En tout cas, ce qui est certain, c'est qu'elle est la seule garde des Sceaux que j'ai vue venir à la maison d'arrêt pendant mes sept années d'exercice. C'était quelques mois avant la parution du bouquin, en mai 1999. Je lui avais écrit, ensuite, afin de la remercier de sa visite et pour l'alerter sur le nombre de suicides survenant au quartier disciplinaire. Bon, c'est vrai, elle ne m'a jamais répondu…

GM : Ce dont on peut être certain, c'est que l'initiative d'une journée « portes ouvertes » ne vient pas de l'administration pénitentiaire…

VV : C'est sûr, ce n'est pas exactement sa culture ! Sa réaction a été d'une tout autre nature.

Dès la parution du *Monde*, elle a publié un communiqué pour « rectifier des informations » et « apporter des précisions » sur les faits que j'évoquais. « À supposer qu'ils soient avérés », a-t-elle été jusqu'à écrire !

GM : La pénitentiaire excelle dans le déni…

VV : C'est un euphémisme ! Forcée à ouvrir la Santé, elle a tôt fait d'essayer de tirer profit de cette journée. Dans le genre : « Entrez, et venez constater par vous-mêmes que ce qu'écrit ce bon docteur Vasseur n'est qu'un tissu de mensonges ! »

GM : Personne n'a été dupe ! D'autant plus que ça devait sentir la peinture à plein nez dans les coursives… J'imagine que, pour l'occasion, tout avait été ripoliné sur le parcours balisé destiné aux journalistes. Je me trompe ?

VV : Non. C'est exact. Et comme tu t'en doutes, ils avaient aussi trié sur le volet les quelques détenus que les visiteurs pourraient rencontrer « par hasard » sur leur chemin…

GM : La pénitentiaire excelle dans ce genre d'exercice de propagande !

VV : Comme tu l'as dit, personne n'a été dupe. Dans le petit jeu malsain qu'elle a tenté de jouer avec les médias, l'administration pénitentiaire a été perdante sur toute la ligne. Elle s'est retrouvée mise au pilori.

La déferlante médiatique

Gabriel Mouesca : Faut dire qu'avec l'afflux de journalistes le jour même et l'effet d'entraînement survenu par la suite entre les journaux, les radios et les télévisions, il était vain d'imaginer maîtriser quoi que ce soit.

Véronique Vasseur : En plus, on sentait que les journalistes se libéraient d'une frustration accumulée depuis des années. Les articles, les reportages et les témoignages se sont multipliés comme des petits pains. En France et aussi dans le monde, y compris à la une du *New York Times* et de l'*Herald Tribune*.

GM : Avec mes compagnons de misère, on n'en croyait pas nos yeux et nos oreilles. Il faut le souligner, car c'est loin d'être le cas dans la rubrique « faits divers » des pages « société », les journalistes ont été exemplaires. Ils n'ont rien gobé. Et ils n'ont rien lâché. Dans la foulée de ta propre initiative, ils se transformaient à leur tour en vecteurs d'une démarche d'interpellation citoyenne.

VV : C'est vrai. Il s'agit d'ailleurs de l'un des principaux acquis de 2000. La presse s'est émancipée de la tutelle de la pénitentiaire. Pour ne prendre que l'exemple du *Monde*, après la double page sur mon livre, ce journal n'a pas cessé d'appuyer là où ça faisait mal. Il enchaîne début février avec trois autres pages, titrées « Voyages au bout de l'horreur dans les prisons françaises ». Et, en avril, réussit à obtenir qu'une de leurs journalistes passe une semaine entière à la Santé… Ce qui donne encore trois pages titrées : « Petites débrouilles et grande détresse ».

GM : Tu le sais comme moi, ce serait rigoureusement impossible désormais. Quand tu songes que la seule chose dont fut capable Michèle Alliot-Marie, l'ancienne garde des Sceaux, c'est de proposer aux journalistes un stage d'immersion dans une prison, du genre venez passer une journée dans la peau d'un surveillant…

VV : Du « Vis ma vie » pathétique ! La pénitentiaire s'est dotée d'un service de communication, mais en fait n'a rien appris de ce qui lui est arrivé voici dix ans.

GM : Ses membres partaient de loin. Ce n'est pas pour rien si on parlait de la pénitentiaire comme de la « petite muette »…

VV : Quand même, j'ai l'impression qu'ils se sont recroquevillés de nouveau dans leur coquille. Ça me fait me souvenir de la belle idée de la rédaction de *Libération*. Le journal a organisé et reproduit intégralement, en février 2000, un débat se déroulant entre la directrice de l'Assistance publique, le patron de la CGT pénitentiaire, celui du syndicat des médecins exerçant en prison, le porte-parole de l'OIP et moi. Ce ne serait plus possible aujourd'hui.

GM : Il s'agissait d'une première… Et probablement d'une dernière ! Une telle rencontre publique – et même informelle – est à l'heure actuelle à peine imaginable…

VV : Comme quoi, Robert Badinter avait raison de dire à l'époque que la fenêtre qui s'était ouverte allait vite se refermer et qu'il fallait agir sans tarder.

Les commissions d'enquête

Gabriel Mouesca : Ce fut l'autre sujet de stupéfaction pour nous, situés du mauvais côté des grilles. La réaction des politiques, ou du moins du Parlement. De tous les côtés de l'hémicycle, de la part des sénateurs comme des députés, on entendait la même demande de création de commissions d'enquête parlementaires…

Véronique Vasseur : À ce moment, je me suis dit que c'était gagné. Franchement, on se pinçait un peu pour y croire, être certains que l'on ne rêvait pas…

GM : Il y avait de quoi douter. D'abord le grand déballage médiatique, puis cette perspective d'élus se préoccupant du sort qui nous était réservé, à nous les détenus. Tout était assez surprenant. Je me souviens que, durant les discussions dans les cours de promenade, on oscillait en permanence dans nos commentaires. Entre se réjouir qu'il se passe quelque chose sortant de l'ordinaire et s'agacer de ce qui ressemblait quand même à un sacré bal de faux-culs.

VV : J'imagine que, pour vous autres, ces débats avaient un côté totalement surréaliste. Comme de voir une opinion scandalisée par ce qu'elle découvrait et très vite se montrer favorable à une amélioration des conditions de vie en prison.

GM : Oui, nous sommes tous restés scotchés devant le sondage paru dans *Libération* fin janvier 2000.

VV : Et pour cause, il montrait que près de la moitié des gens considéraient les détenus pas suffisamment bien traités. Et que seule une personne sur cinq estimait qu'ils n'avaient pas à se plaindre…

GM : Je parlais d'effet d'entraînement pour les médias, précédemment. Il y a sans doute un phénomène identique chez les politiques. En quelques jours, la prison est devenue un sujet de société à part entière puis, du même coup, une question politique centrale.

VV : C'est indéniable. Alors qu'ils étaient tenus à l'écart des prisons, les médias s'y sont précipités en masse, profitant de la porte qui s'entrouvrait. Quant aux politiques, qui eux se mettaient à distance du monde carcéral réputé sans électeurs, ils ont vite senti qu'ils ne devaient pas, cette fois, se contenter de regarder passer le train.

GM : Une sorte de saine émulation entre les uns et les autres... Commence alors une longue série de visites. On ne s'en souvient peut-être pas, mais les députés se sont rendus dans la quasi-totalité des prisons de France et de Navarre.

VV : Oui, et le plus frappant, c'est que la plupart d'entre eux ignoraient tout de cet univers. Résultat, ils ont reçu une claque phénoménale lors de leurs premières visites. De gauche à droite, ils sont tombés de leurs chaises.

GM : D'une certaine manière, ils ont payé cash l'indifférence qu'ils manifestaient jusqu'alors pour la vie quotidienne des gens qui séjournent ou travaillent derrière les murs…

VV : Leur ignorance vient de cette indifférence, et je trouve l'une comme l'autre inadmissibles. Surtout quand on sait que l'OIP avait alerté les élus en juin 1999 sur le fait qu'ils n'avaient pas plus le droit d'entrer en prison que le citoyen lambda.

GM : C'est vrai. Et en moins d'une semaine, ils s'étaient octroyé un droit de visite. Sans se rendre compte que, ce faisant, ils reprenaient à leur compte la revendication formulée par le Groupe Information Prison de Michel Foucault trente ans plus tôt, lorsqu'il disait : « On veut entrer et voir. » Que de temps perdu !

VV : Et ça a continué… Qu'ont-ils fait de ce droit leur permettant d'exercer une forme de contrôle ? Jusqu'à ce que mon témoignage sorte, rien ou presque. On peut compter sur les doigts de la main les députés et sénateurs qui avaient franchi la porte d'une prison avant janvier 2000.

GM : Disons qu'ils se sont rattrapés après…

VV : Oui. Mais ce mouvement n'a pas duré. On les a tous vus débarquer pendant la période des commissions, et puis après l'intérêt s'est effiloché de jour en jour. Combien y vont désormais chaque année ?

GM : 178 en 2009. Alors qu'il y avait 577 députés et 343 sénateurs. Quand je disais qu'ils s'étaient rattrapés, je parlais des constats et préconisations des commissions d'enquête…

VV : Là, objectivement, les élus ont fait du bon boulot. Quand on découvre, en juillet 2000, la teneur de ces rapports, on constate que tout y passe, de la place de la prison dans notre système pénal aux moindres aspects de la vie quotidienne derrière les murs.

GM : Je me dois de dire que ces deux documents ont été pendant longtemps mes livres de chevet, tellement, à la virgule près, ce qui était écrit correspondait à la réalité et sonnait juste.

VV : Il existe un autre fait marquant. On peine à l'imaginer vu le triste spectacle actuel mais, parmi les élus, l'unanimité se dégage sur les constats et un gros consensus apparaît autour des propositions de réformes.

GM : Pour moi, ce fut un moment de vérité de la part de la représentation nationale. Et à cet instant-là, du fond de ma cellule, j'y attache d'autant plus de crédit que le Parlement a, dans les semaines qui précèdent, osé aller à l'encontre des vœux du gouvernement. Cela signifie qu'il n'entend pas s'en laisser compter, et poursuit sur sa propre lancée, de façon très cohérente.

VV : Tu veux parler des lois du printemps 2000, n'est-ce pas ? Celles qui ont permis l'entrée de l'avocat dans les processus disciplinaires et d'aménagement de la peine ? Et celle qui fait que la prison intègre le champ de contrôle de la Commission nationale de déontologie de la sécurité ?

GM : Oui, car, en définitive, ces diverses mesures ont constitué les seules avancées obtenues à l'époque.

Les quelques avancées de 2000

Gabriel Mouesca : Je reste encore stupéfait de la réaction de la Chancellerie quand, au lendemain du vote de la loi du 12 avril 2000, l'OIP déclare que toute personne détenue pourra désormais être défendue par un avocat devant le prétoire, le tribunal interne de la prison. Elle conteste ce droit.

Véronique Vasseur : Elle le conteste, car elle sait que la pénitentiaire ne l'acceptera pas. Et c'est vrai qu'il a fallu l'arbitrage du Conseil d'État pour que celle-ci finisse par admettre que cette loi et son objectif d'améliorer les droits des citoyens face aux administrations s'imposaient à elle et ses représentants.

GM : C'est extrêmement choquant.

VV : Et c'est ce qui m'a fait douter pour la première fois de la volonté réelle d'Élisabeth Guigou, ou du moins de la capacité d'un garde des Sceaux à résister aux caprices de la pénitentiaire. Cette histoire est assez révélatrice du sentiment de toute-puissance de cette administration.

GM : On n'ignorait pas que cette loi n'allait pas changer la nature même du prétoire. Mais, au moins, le droit de la personne détenue à ne plus être seule face au directeur de la prison lui était enfin reconnu. Soit la moindre des choses dans un pays comme le nôtre !

VV : Tu le sais, en 2006, j'ai milité pour que l'UMP s'engage à faire un pas supplémentaire. Quand j'ai expliqué que le directeur jouait tous les rôles, celui du policier, celui du magistrat et celui du maton, ses membres et dirigeants ont tous ouvert des yeux éberlués. Et, de fait, Nicolas Sarkozy a inscrit dans son programme Justice que la présidence de la commission de discipline serait confiée à une autre personne, à un magistrat par exemple.

GM : Une promesse que la loi pénitentiaire de novembre 2009 n'a pas concrétisée…

VV : Comme tant d'autres, en effet, elle n'a pas été respectée. La pénitentiaire a obtenu que la situation reste en l'état. Et il y a toujours un directeur à la fois juge et partie. Le seul changement, c'est que, désormais, ce dernier a deux assesseurs, dont l'un extérieur à la pénitentiaire. En gros, on a ajouté une plante verte…

GM : C'est un peu osé comme image ! Mais finalement c'est exact. Car cette personne extérieure doit être habilitée par l'administration. Autrement dit, le directeur choisit qui il veut. Et s'en séparera si jamais elle ne lui donne pas satisfaction.

VV : Autrement dit encore, si cette personne penche un peu trop du côté du détenu à son goût… C'est vraiment se moquer du monde.

GM : Je ne voudrais pas en faire un leitmotiv… mais la pénitentiaire atteint ce niveau d'excellence dans de nombreux domaines !

VV : L'autre avancée majeure concerne la présence de l'avocat dans la commission d'application des peines.

GM : Oui, la loi du 15 juin 2000 décide notamment que des mesures comme la libération conditionnelle ou la semi-liberté ne pourront plus être décidées par le juge de l'application des peines en l'absence d'un avocat au côté de la personne détenue.

VV : Ce qui signifiait le laisser seul dans un domaine particulièrement juridique.

GM : Désormais, il peut déposer un recours si la décision lui est défavorable.

VV : Cette loi réaffirme en outre un droit établi en 1875 mais tombé depuis dans les oubliettes – c'est le cas de le dire –, celui de tout détenu à disposer d'une cellule individuelle.

GM : Effectivement, l'encellulement individuel devient un droit pour toute personne détenue, qu'elle soit prévenue ou condamnée. Je me souviens avoir entendu dans la bouche de tous les politiques à l'époque qu'il s'agissait du « choix de la dignité ».

VV : Or, nous savons pertinemment l'un comme l'autre que cette mesure est toujours, dix ans près, restée lettre morte. Ce qui est proprement scandaleux.

GM : D'autant qu'ils s'étaient donné une marge à l'époque, en repoussant à trois ans l'échéance d'application de ce principe.

VV : Oui, l'application devait entrer en vigueur en juin 2003, mais la veille de l'échéance, un nouveau moratoire a été décidé, de cinq ans cette fois. Et comme sur ce sujet on n'a jamais fini de nous surprendre, la loi pénitentiaire est venue reporter le tout à 2014…

GM : À supposer que la pénitentiaire puisse l'appliquer. D'après ce que je sais, elle ne prévoit pas de mise en œuvre avant au moins 2017. Et encore, à condition que le nombre de détenus soit à peu près stable d'ici là. Or c'est l'inverse qui se produit.

VV : Je ne suis pas certaine que les députés ou sénateurs qui se sont battus comme des chiens pour préserver ce droit contre l'avis de Rachida Dati puis de Michèle Alliot-Marie apprécieront d'avoir été, encore une fois, pris pour des idiots.

GM : Je crois qu'avec ce sujet, on entre de plain-pied dans les conséquences de la contradiction éternelle entre une politique pénale ultra-répressive qui envoie toujours plus de personnes en prison pour des durées de plus en plus longues et la volonté d'humanisation des conditions de détention.

VV : Ce qui est le thème du prochain chapitre, consacré à l'année 2001, année de tous les renoncements et de tous les reniements.

L'ANNÉE 2001

Nombre de détenus :
47 837 au 1er janvier 2001
48 594 au 31 décembre 2001
Nombre de places de prison :
48 593 au 1er janvier 2001
48 021 au 31 décembre 2001

Garde des Sceaux : Marylise Lebranchu (18 octobre 2000-3 mai 2002).

Directeurs de l'administration pénitentiaire : Martine Viallet, administratrice civile (15 mars 1999-10 septembre 2001), Didier Lallement, préfet (10 septembre 2001-26 janvier 2004).

Six mois, jour pour jour, après la publication d'extraits du livre-témoignage de Véronique Vasseur dans *Le Monde*, le président de la République, Jacques Chirac, prononce la traditionnelle allocution du 14 Juillet. « Si un prisonnier sort de prison pire qu'il n'y est entré, c'est évidemment un échec pour la société. Et puis il y a le respect des Droits de l'homme qui ne sont pas, dans notre pays, toujours respectés, il faut le reconnaître. Il faut, sans aucun doute, faire un très grand progrès dans ce domaine. Je crois, d'ailleurs, que tout le monde en est conscient », déclare notamment le chef de l'État. Un an après, le même homme, dans le même cadre, entonne un tout autre discours : « La délinquance s'installe, l'insécurité s'installe, se banalise. Il n'y a pas de fatalité. Il n'y a qu'un manque d'autorité de l'État et un manque de volonté politique. » Dès cet été 2001, le signal de départ de la campagne électorale de 2002 est donné. L'insécurité en sera le maître mot.

Le « J'accuse » du Parlement – comme titrait *Libération* le 6 juillet 2000, au lendemain de la publication des deux rapports des commissions d'enquête – a fait long feu. Et avec lui l'ambition de tirer toutes les conséquences des constats et préconisations issus de leurs travaux au travers d'une grande loi pénitentiaire. « La fenêtre s'est refermée », constate avec amertume Robert Badinter.

Les sénateurs tentent bien, le 26 avril 2001, de (re)lancer la dynamique réformatrice. Ils déposent une proposition de loi où figurent quelques évolutions qualifiées de symboliques. Notamment la réduction à vingt jours (contre quarante-cinq) de la durée maximale de placement au quartier disciplinaire. Mais aussi l'instauration de la suspension de peine pour raison médicale. Et celle d'un dispositif de contrôle général des prisons. C'est à cette occasion que Marylise Lebranchu – qui a succédé à Élisabeth Guigou – déclare : « Pour ce qui est du calendrier, je confirme que le gouvernement déposera un projet de loi pénitentiaire à l'automne prochain, avec l'objectif d'une première lecture devant chaque assemblée avant les échéances électorales de 2002. » Voté à l'unanimité, le texte du Sénat est transmis à l'Assemblée nationale. Il ne sera jamais inscrit à son ordre du jour. Pas plus que la loi pénitentiaire promise par Mme Lebranchu.

Signes que l'air du temps a changé, les statistiques mensuelles de la population détenue repartent brutalement à la hausse en octobre 2001. En moins d'un an, elles retrouveront le niveau qu'elles avaient atteint cinq ans plus tôt avant d'amorcer une lente mais régulière décrue. En octobre, le 18, la garde des Sceaux reçoit aussi les conclusions d'un rapport sur « la sécurité des établissements pénitentiaires et des personnels ».

Ce sont là les premières ratures sur la feuille de route dressée en 2000…

Reniement à droite

Gabriel Mouesca : Nous avons terminé l'année 2000 avec deux mots très durs : « renoncement » et « reniement ». Des mots qui empruntent au vocabulaire de l'OIP pour caractériser l'attitude des hommes et des femmes politiques en 2001. Comme toi, je les reprends à mon compte. J'imagine que le premier terme s'adresse à la gauche et le second à la droite…

Véronique Vasseur : Parfaitement. Le fait est là : la gauche s'est couchée. Et il est tout aussi patent que la droite s'est retournée. Ce virage a été pris à l'automne 2001.

GM : On peut même en voir les prémices un peu avant pour ce qui est de la droite. Lors du discours du 14 Juillet de Jacques Chirac. Tu le sais, 2001 est une année un peu particulière pour moi. Je suis libéré en juillet après dix-sept années de détention. Et, autant le dire crûment, quand il entonne de nouveau un discours sécuritaire que l'on n'entendait plus depuis la sortie de ton livre, je prends en pleine poire sa volte-face…

VV : On comprend vite qu'il sonne la fin de la récréation. Et qu'il est temps, à ses yeux, de passer aux choses sérieuses. La période électorale commence. Et de la pire des manières.

GM : Bien évidemment, quand on l'entend proclamer l'existence d'un manque d'autorité de l'État, on voit où il veut en venir… Pourtant, un an plus tôt, il affirmait exactement l'inverse, disant tout le monde désormais conscient que les Droits de l'homme n'étaient pas respectés dans les prisons de notre pays.

VV : Qui s'en souvient ? Personne. C'est d'ailleurs l'intérêt de notre dialogue : remettre certaines choses à leur place et dans les mémoires.

GM : Je n'ai rien oublié. Et je tiens à ce que les responsabilités respectives des uns et des autres soient établies. Tu disais que la droite s'était retournée. À ce niveau-là, c'est presque indécent. Et cela jette le doute sur la sincérité de sa participation aux commissions d'enquête. Ou, pire, sur la prise de conscience qu'elle nous assurait avoir eue.

VV : Plus simplement, peut-être a-t-elle choisi de l'ignorer. Le jour où se préoccuper du sort des prisonniers ne fera plus perdre des voix, les choses changeront peut-être... On était à moins de dix mois de la présidentielle. La droite a adopté sa posture préférée pour aborder ce genre d'échéance, avec le thème de l'insécurité comme angle d'attaque. On voit où cela nous a menés, avec la présence au second tour de Jean-Marie Le Pen.

Renoncement à gauche

Gabriel Mouesca : Il nous faut aussi évoquer l'attitude de la gauche. Elle-même a fini par glisser dans le discours sécuritaire, creusant sa propre tombe, comme en témoigne le résultat du premier tour.

Véronique Vasseur : Je n'ai aucune envie de m'apitoyer sur le sort de Lionel Jospin, mais il me semble que son revirement est néanmoins plus tardif que celui de la droite. En tout cas, il ne se manifeste publiquement qu'en octobre 2001, au moment de l'« affaire du Chinois ».

GM : Cette polémique est révélatrice du climat qui s'était installé peu à peu depuis les propos de Chirac. L'homme dont tu parles avait été libéré parce qu'il était resté trop longtemps en détention provisoire sans être jugé. La décision des magistrats est même prise à bon escient, puisqu'il sera finalement acquitté dans cette affaire. Le problème est que, un an après cette libération, il commet des faits graves qui lui vaudront une condamnation à perpétuité. La droite et les syndicats de policiers se saisissent de ce drame pour remettre en cause la loi Guigou sur la présomption d'innocence, qualifiée de « loi des voyous ».

VV : L'instrumentalisation est grossière mais va se révéler diablement efficace. Accusée de « laxisme », la gauche s'est mise tout à coup à hurler avec les loups. Je me souviens de Jospin parlant d'une « dramatique erreur d'appréciation des juges » au JT de 20 heures de TF1.

GM : Cette déclaration du Premier ministre a eu un impact phénoménal. À partir de ce moment, les magistrats ont compris qu'ils n'auraient le soutien de personne en cas de pépin, alors que leur métier repose sur de l'humain, donc sur une part de risque.

VV : Conséquence, ils ne vont plus en prendre aucun ! L'effet n'a pas tardé à se faire sentir : dès le mois suivant, le nombre de détenus commence à grimper en flèche, alors que l'effectif des prévenus, comme celui des condamnés, avait lentement mais sûrement diminué depuis quelques années.

GM : Et la question de la réforme des prisons disparaît de l'ordre du jour des politiques.

Du courage en politique

Gabriel Mouesca : Je crois qu'il nous faut parler en vérité. Il a fallu un certain courage aux politiques pour accepter de créer des commissions d'enquête. Ils ignoraient, pour la plupart, l'ampleur du désastre social et humain à découvrir mais savaient qu'ils allaient être confrontés aux conséquences des lois qu'eux-mêmes votent au lendemain des faits divers. Il faut reconnaître ce courage du « regarder en face ». Mais ce qui est inadmissible, c'est que, sachant ensuite ce qu'il en était, ils soient repartis de plus belle dans leur folie d'antan.

Véronique Vasseur : Je crois que j'en voudrai éternellement aux politiques de l'époque de ne pas avoir transformé l'essai, comme on dit. La droite a tendu un piège malsain dans lequel la gauche est tombée à pieds joints. Et, de fait, à la trahison des uns s'est ajoutée la lâcheté des autres. Je ne leur trouve aucune excuse.

GM : On dit qu'une faute avouée est à moitié pardonnée. Je me range sous cette maxime pour ce qui est de l'attitude de Mme Lebranchu.

VV : J'imagine que tu évoques là son mea culpa, quand elle est venue dire en 2006, lors de la clôture des états généraux de la condition pénitentiaire, que son souvenir de garde des Sceaux, c'était la honte. La honte des prisons, mais surtout sa honte de ne pas avoir fait voter une loi pénitentiaire quand elle était en poste.

GM : Oui. Il faut avoir du cran pour faire cet aveu face à des gens comme Robert Badinter, Guy Canivet, des représentants du Conseil de l'Europe ou même de l'OIP.

VV : Certes, mais cela traduit les ambiguïtés et les atermoiements de la gauche sur la question carcérale. N'oublions pas que le gouvernement de Jospin est resté sans rien faire pendant plus d'un an après l'électrochoc de mon livre. Pourquoi Guigou n'a-t-elle pas engagé l'élaboration de la loi pénitentiaire dès qu'elle a eu en main le rapport Canivet, début mars 2000 ? Pourquoi ne le fait-elle pas non plus début juillet, aussitôt parus les rapports des commissions d'enquête ? Pourquoi formule-t-elle une semaine avant son départ de la chancellerie, en octobre, l'annonce – du bout des lèvres – que le chantier va être lancé ?

GM : Il est certain que tous ces mois écoulés sans que rien ne soit enclenché ont été ceux ayant manqué à Marylise Lebranchu pour présenter son projet de loi au Parlement.

VV : Sans compter qu'au fil du temps, dans les versions successives du texte en préparation, on sentait que Marylise Lebranchu perdait des plumes dans son rapport de force avec l'administration pénitentiaire. J'ai dénoncé cette dérive en reprenant la parole au travers d'une tribune publiée par *Le Monde* en décembre 2001. Je parlais d'un texte taillé sur mesure pour une institution retranchée derrière ses murs et d'une gauche abandonnant toute volonté d'humanisation des conditions de détention, toute velléité réformatrice.

GM : Ce qui nous renvoie à la mise en garde solennelle de Robert Badinter. Le moins qu'on puisse dire est qu'il avait vu juste.

VV : Je suis certaine qu'il a fait tout ce qu'il a pu pour convaincre son propre camp. Mais franchement, sur ce coup-là, la gauche n'a pas été à la hauteur. Du tout.

GM : On se doit d'être plus sévère encore. Hormis cet homme – qui incarne le courage en politique avec l'abolition de la peine de mort –, ces gens portent une lourde responsabilité sur leurs épaules. Pendant des mois, ils n'ont pas eu à affronter une opposition de la droite sur le sujet, celle-ci n'osant pas se désolidariser des conclusions des commissions d'enquête. Gâcher une telle occasion n'est pas seulement inexplicable, c'est irresponsable. Impardonnable.

VV : Tu sais qu'ils ne se sont jamais adressés à moi à cette époque, pour quoi que ce soit. Raison pour laquelle, quand Nicolas Sarkozy l'a fait en 2006, j'ai dit oui. Je ne leur aurais pas dit non. Et je n'avais pas le droit de lui dire non.

GM : Sans vouloir t'offusquer, le résultat est quelque peu mitigé…

VV : Mise à part l'instauration du contrôleur des prisons, cela n'a servi à rien en effet. Il n'empêche, comme toi, demain comme hier, j'essayerai toujours de faire feu de tout bois. Là est notre propre responsabilité.

La chape de plomb

Gabriel Mouesca : Nous venons d'évoquer largement l'attitude des hommes politiques, comme auparavant celle de l'administration pénitentiaire. Il faut sans doute dire quelques mots des acteurs du monde carcéral, de leurs réactions à ton livre et de la façon dont ils se sont situés dans les débats évoqués. Là encore, on aborde la question du courage, ou du moins des valeurs qui animent les milliers de personnes entrant quotidiennement dans les prisons, à savoir les visiteurs, les étudiants du Genepi[1], les aumôniers, mais aussi les enseignants ou les médecins.

Véronique Vasseur : L'attitude des intervenants en prison reste pour moi complexe à décrypter, même des années après. Sur le moment, il y a la foule de ceux qui me disaient, souvent discrètement d'ailleurs : « Vous avez eu bien raison. » Et de rares personnes qui changeaient de trottoir. Je passe sur les critiques de ceux qui n'ont jamais lu le livre. Ce qui est intéressant, c'est de tenter de comprendre pourquoi, d'un côté, personne ne s'est engouffré véritablement dans la brèche. Et, de l'autre, pourquoi pas mal de gens se sont sentis assez mal à l'aise.

GM : Je parlais d'une occasion manquée pour les politiques. Là, ça donne l'impression d'une balle qui n'est pas saisie au vol.

VV : J'ai reçu d'innombrables gestes et mots de félicitation ou de solidarité. Mais il n'y a pas eu ce à quoi on pouvait s'attendre : une prise de parole massive des associations d'intervenants ou des organisations professionnelles. Comme si

1. Genepi : Groupement étudiant national d'enseignement aux personnes incarcérées. Association créée en 1976.

l'acte que je posais renvoyait en miroir à certains leur propre inaction, leurs propres silences. Ou comme si la constitution des commissions d'enquête avait, dans leur esprit, rendu inutile la moindre mobilisation.

GM : Effectivement, la voie que tu ouvrais n'a pas été encouragée et amplifiée pas les structures qui fédèrent chaque catégorie d'intervenants. J'ai même le souvenir de la présidente de l'Association nationale des visiteurs de prisons expliquant qu'il n'entrait pas dans la vocation des visiteurs de dénoncer quoi que ce soit, et qu'ils devaient, le cas échéant, s'adresser au directeur de la prison.

VV : Je ne partage pas cette conception du devoir de réserve. Je crois, au contraire, que nous n'avons qu'une chose à faire : assumer nos responsabilités. Il se passe des choses inadmissibles en prison et il faut les dénoncer, le public a le droit de savoir. D'autant que rien ne bouge si on se contente de faire un courrier interne ou si on balance une remarque entre deux portes.

GM : J'ai coutume d'évoquer le devoir d'ingérence des intervenants en prison. Je le crois essentiel et nombre d'entre eux sont convaincus de la nécessité de ne pas cautionner les violences ou les dysfonctionnements en respectant la loi du silence que leur impose l'administration pénitentiaire.

VV : Tu le sais, je n'étais pas la première à prendre l'initiative de témoigner. Mais, le plus souvent, ceux qui m'avaient précédée dans cette démarche l'avaient fait au moment où ils partaient à la retraite ou démissionnaient. Je peux les comprendre. On pèse le pour et le contre, on réfléchit au risque de représailles. Et on choisit de se taire pour continuer, pour essayer de changer les choses de l'intérieur, ou du moins tenter de s'en persuader.

GM : Je ne comprends pas cette attitude. Pour ma part, j'aurais la sensation d'être complice. Mais, à supposer que les gens veuillent préserver leur capacité à œuvrer à l'intérieur dans l'intérêt des détenus, il devient essentiel que les associations d'intervenants et les organisations professionnelles jouent un rôle de vigie et d'alerte.

VV : Ce n'est pas à toi que je vais apprendre que la chape de plomb est épaisse. Et solide. Elle s'est sans doute fissurée ici ou là, mais, à l'époque, je me suis sentie un peu seule. On me reprochait en fait d'avoir étalé tout cela sur la place publique, de ne pas faire comme il se doit, c'est-à-dire de laver le linge sale en famille. Or je voulais précisément que les choses changent et prendre ma part dans ce qu'il y avait à changer. Y compris dans nos propres comportements de médecins en prison.

L'ANNÉE 2002

Nombre de détenus :
48 594 au 1er janvier 2002
55 407 au 31 décembre 2002
Nombre de places de prison :
48 021 au 1er janvier 2002
47 987 au 31 décembre 2002

Garde des Sceaux : Marylise Lebranchu (18 octobre 2000-3 mai 2002), puis Dominique Perben (7 mai 2002-31 mai 2005).

Secrétaire d'État aux Programmes immobiliers de la Justice : Pierre Bédier (7 mai 2002-22 janvier 2004).

Directeur de l'administration pénitentiaire : Didier Lallement, préfet (10 septembre 2001-26 janvier 2004).

Le 21 mars 2002, Marylise Lebranchu informe la Commission nationale consultative des Droits de l'homme que le projet de loi pénitentiaire ne sera pas présenté en Conseil des ministres avant l'élection présidentielle. « Le calendrier ne l'a pas permis puisque nos travaux ont abouti à un moment où il n'était plus décemment envisageable d'assurer les consultations institutionnelles utiles dans un délai raisonnable par rapport aux échéances électorales », déclare-t-elle. Ajoutant : « Je voudrais, toutefois, vous faire part de ma conviction que le travail entrepris, à la suite notamment de celui des commissions d'enquête parlementaires, ne pourra pas rester lettre morte, quelles que soient, serais-je tentée de dire, les priorités de mon successeur. »

Un mois plus tard, le coup de tonnerre du premier tour de l'élection présidentielle – Jacques

Chirac face à Jean-Marie Le Pen – sonne le glas des espérances de la garde des Sceaux. Il est suivi d'une averse de lois répressives qui se termine par celle du 9 septembre 2002, dite d'orientation et de programmation pour la justice. Dans le rapport qui lui est annexé figure l'engagement du nouveau ministre de la Justice, Dominique Perben, de présenter une loi pénitentiaire d'ici la fin de la législature. Il restera sans suite.

Le 21 novembre 2002, le garde des Sceaux annonce un programme de construction de 13 200 places en prison.

C'est une tout autre feuille de route qui est désormais suivie. Celle de 2000 a rejoint les poubelles de l'histoire.

De plus en plus de détenus

Gabriel Mouesca : Le rendez-vous de la réforme écarté de l'agenda politique, la prison retourne à sa place, dans un point aveugle de notre conscience collective. Et presque mécaniquement, au fond des cachots de la République, on s'entasse de nouveau, et de plus en plus.

Véronique Vasseur : La tonalité de la campagne électorale va avoir un impact direct sur l'effectif de la population incarcérée. L'augmentation intervenue au premier semestre 2002 est phénoménale : il y a 8 000 détenus de plus entre janvier et juillet. Du jamais vu. Une hausse deux fois plus importante que celle à laquelle on assistera cinq ans plus tard, dans la période qui entoure l'élection de Nicolas Sarkozy ; c'est dire !

GM : C'est dit… Bien évidemment, avec une telle augmentation, réapparaît la surpopulation derrière les murs. Le phénomène va vite prendre des proportions hallucinantes. En deux ans, entre janvier 2002 et janvier 2004, on passe d'une situation d'équilibre, où il y a globalement autant de détenus que de places, à une situation ubuesque où l'effectif de prisonniers en surnombre se chiffre à plus de 10 500.

VV : Et comme tu l'as dit, on entasse. Sans se soucier le moins du monde des conditions dans lesquelles se retrouvent à vivre les détenus, mais aussi en se moquant éperdument des difficultés que cela crée aux surveillants et aux intervenants.

GM : Je crois qu'il n'est pas inutile d'expliquer les effets concrets de la surpopulation dans une prison.

VV : C'est assez simple à décrire. On va prendre le cas, malheureusement banal, de toute maison d'arrêt. Vous avez une cellule de moins de 11 m^2 conçue pour accueillir une personne, avec un lit, une armoire et une chaise. Eh bien vous ajoutez un lit, puis un second. Et, au besoin, encore un matelas, posé à même le sol. À trois ou quatre dans cet espace où vous restez enfermé 22 heures sur 24, il ne faut pas attendre autre chose que des tensions et de la violence. Entre les détenus principalement et à l'encontre du premier surveillant qui ouvrira la porte pour apporter le courrier ou la gamelle.

GM : En effet, telle est la situation que vivent les détenus et les surveillants de 70 % des prisons de France.

VV : Ce n'est pas tout. Tu le sais mieux que quiconque, toi qui as passé douze années dans ce type d'établissement. Une maison d'arrêt surpeuplée, ce sont aussi des créneaux de parloir, et donc des visites s'espaçant pour chaque détenu, des occasions de sortir de cellule qui se raréfient car il faut répartir le peu d'activités disponibles sur un maximum de prisonniers, un accès aux soins qui devient plus aléatoire avec une liste d'attente qui s'allonge. Je pourrais continuer encore longtemps cette énumération…

GM : Le Comité de prévention de la torture du Conseil de l'Europe considère ce traitement infligé aux détenus « inhumain et dégradant ».

VV : J'ai été frappée, d'un bout à l'autre de mes presque neuf années passées à la Santé, par la capacité de l'homme à encaisser sans vraiment broncher un tel traitement. Je ne sais pas avec quels ressorts les détenus finissent par arriver à faire abstraction de leur environnement. Je ne sais pas davantage comment font les surveillants pour ne pas disjoncter dans ce huis clos infernal.

GM : Ne nous y trompons pas. Personne ne supporte de telles conditions sans séquelles. L'homme se rétrécit à la mesure de l'espace qu'on lui laisse. Comme, à l'inverse, il se déploie si on lui en donne la possibilité. Je veux dire par là qu'on joue un jeu honteux avec la faculté d'adaptation de l'humain qui, tel un roseau, ploie sans jamais rompre. On est toujours très proche du point de rupture quand l'instinct de survie fait supporter d'être éloigné des siens.

VV : Un jeu dangereux… D'autant que l'on envoie des gens très différents en prison, qui n'ont rien en commun sinon de partager le triste sort d'être enfermés derrière des murs.

Quels détenus ?

Gabriel Mouesca : La situation décrite par les parlementaires en 2000 est éclairante. Les sénateurs parlaient d'une population pénale en pleine mutation. Ils évoquaient notamment la prison-asile des malades mentaux, la prison-hôpital des toxicomanes, la prison-hospice des détenus âgés et la prison-refuge des exclus.

Véronique Vasseur : Il est clair que la clientèle du système carcéral s'est considérablement modifiée en trente ans. Les auteurs de vol simple représentaient 40 % des condamnés en 1980, 7 % aujourd'hui. À l'inverse, 8 % des condamnés étaient des auteurs de viols et agressions sexuelles, contre 25 % actuellement.

GM : Autrement dit, nous sommes passés d'une population caractéristique de la misère sociale à une autre, plus marquée par sa misère affective. Mais, dans les deux cas, on se demande bien ce que font nombre de ces gens en prison.

VV : Je suis d'accord. La prison est et demeure l'école du crime pour les petits délinquants. Et elle n'a jamais été et ne sera jamais un lieu de soins approprié pour les « pointeurs », les auteurs de délits ou de crimes sexuels. Dans le meilleur des cas, ils verront une fois par mois un psychiatre.

GM : La diversité de la population que l'on sanctionne par une peine de prison est encore plus large. Il faudrait aussi citer, au-delà des voleurs de poule ou des délinquants sexuels, les étrangers sans papier, les auteurs d'escroquerie ou d'abus de biens sociaux, ceux d'infractions à la législation sur les stupéfiants. La liste est longue comme le bras. Une vraie « cour des miracles », comme l'a écrit le Sénat.

VV : Une seule chose rassemble ces catégories condamnées : pourrir d'ennui dans des cellules ou errer comme des âmes en peine dans les coursives et les cours de promenade.

De plus en plus de prisons

Gabriel Mouesca : On envoie tous ces gens en détention, on les y entasse… et on va prétexter de cet entassement pour justifier la décision d'augmenter le nombre de places de prison.

Véronique Vasseur : Sur ce point, j'ai trouvé que la droite de 2002 était vraiment obscène. Elle a réussi à retourner nos arguments. « Nous sommes d'accord, disait-elle, la surpopulation est inhumaine. » Et « c'est pour cela qu'il faut construire davantage de prisons ».

GM : Je suis estomaqué de réaliser à quel point le parlement peut se déjuger. Les commissions d'enquête avaient pourtant énoncé deux ans plus tôt qu'il était impératif de sortir d'un cercle vicieux : « Plus on construit, plus on remplit. »

VV : Paroles, paroles… Ce n'est pas un secrétariat d'État à la condition pénitentiaire que l'on voit apparaître dans le gouvernement Raffarin, mais un secrétariat d'État à l'immobilier de la Justice. Quel pied de nez !

GM : Avec, à la clé, un programme de construction de 13 200 places supplémentaires.

VV : Et ce petit jeu perdure. On a vu apparaître un nouveau programme de 17 000 places en 2010.

GM : Auquel il faut ajouter les 10 000 autres annoncées par Nicolas Sarkozy le 13 septembre 2010.

VV : On nage en plein délire.

GM : Si on additionne ces programmes à ceux qui les avaient précédés en 1986 et 1994... on constate 36 000 places en 1990, et on arrivera à 80 000 à la fin de la présente décennie.

VV : Hallucinant. Or l'on sait pertinemment que cela ne règle en rien la question du surpeuplement. C'est même l'inverse. On aggrave la situation. Ces places ne sont pas construites qu'elles sont déjà occupées.

GM : Deux mots d'explication peut-être ?

VV : On comptait moins de 50 000 détenus en juillet 2001, ils sont environ 65 000 dix ans plus tard. Dans le même temps, les capacités d'accueil sont passées de 48 000 à 56 000 places. Donc il s'agit d'une course sans fin.

GM : Comme c'est effectivement ce qui s'est produit jusqu'à maintenant, je ne vois pas comment les choses pourraient changer. Les détenus arrivent toujours avant que les places ne soient construites. On n'attend pas d'avoir la nouvelle cellule pour mettre quelqu'un dedans. On l'incarcère dans une cellule déjà existante et déjà surpeuplée.

VV : Et on verse de nouveau quelques larmes sur cette situation « inhumaine » pour nous vendre, la main sur le cœur, un énième programme. La sérénade grince depuis trente ans, et on ne cesse de construire encore et encore…

GM : La France a mis le doigt dans un engrenage diabolique. Au point où on en est, il faudrait tout arrêter. Décider d'un moratoire. Et réfléchir à ce qu'on veut vraiment.

VV : D'autant que les prisons sortant de terre sont des aberrations sans nom.

Quelles prisons ?

Véronique Vasseur : Ces établissements s'avèrent surdimensionnés. On n'a, certes, jamais reconstruit de complexe gigantesque à la Fleury-Mérogis avec ses 3 500 places, mais on fait pousser comme des champignons des prisons de 700 places…

Gabriel Mouesca : … dont on sait qu'elles accueilleront 900 ou 1 000 détenus. Je trouve incroyable le refus d'entendre le contrôleur général quand il explique que des établissements de plus de 200 détenus sont antinomiques avec l'instauration de relations un tant soit peu « humaines ».

VV : Et pour cause ! En vérité, ces prisons ultramodernes, avec murs jaunes, verts, bleu canard pour faire gai, se moquent du monde. Il n'y a plus de visibilité avec leurs barreaux renforcés par un caillebotis de grillages. Quand les détenus regardent dehors, ils ont des miettes dans les yeux. En plus, ils sont comme des paquets passés de sas en sas par des ouvertures électroniques sans voir de gardiens, quelle tristesse absolue !

GM : C'est ce que dénoncent les détenus et les surveillants. D'une même voix, une fois n'est pas coutume.

VV : Et, pour couronner le tout, la taille des cellules a été réduite sous prétexte qu'il s'agirait du seul moyen pour rendre impossible, à l'avenir, le doublement du couchage !

GM : Là, on tombe dans le cynisme absolu. Je n'arrive pas à comprendre comment on peut concevoir d'enfermer un homme dans un espace de 8,5 m^2.

VV : Une totale indignité, oui ! D'autant que l'on sait que rien n'empêchera les autorités d'y mettre deux personnes la plupart du temps. Un lit superposé, et l'affaire sera réglée.

GM : L'atmosphère, dans ces nouveaux établissements, est irrespirable. On peut imaginer le relationnel au quotidien. Entre les détenus comme avec les surveillants.

VV : C'est une machine à fabriquer de la violence, soit exactement le contraire de ce qu'il faudrait faire.

L'ANNÉE 2003

Nombre de détenus :
55 407 au 1er janvier 2003
59 246 au 31 décembre 2003
Nombre de places de prison :
47 987 au 1er janvier 2003
48 605 au 31 décembre 2003

Garde des Sceaux : Dominique Perben (7 mai 2002-31 mai 2005).

Secrétaire d'État aux programmes immobiliers de la Justice : Pierre Bédier (7 mai 2002-22 janvier 2004).

Directeur de l'administration pénitentiaire : Didier Lallement, préfet (10 septembre 2001-26 janvier 2004).

Le 20 février 2003, réagissant à la mutinerie survenue deux jours plus tôt dans la maison centrale de Clairvaux, Dominique Perben annonce la création d'unités d'intervention spécialisées dans les prisons, baptisées « Équipes régionales d'intervention et de sécurité ». Le 14 mars, faisant suite cette fois à une série d'évasions, il décide de mettre en place une batterie de mesures visant à renforcer la sécurité et la discipline : fouilles à corps individuelles systématiques lors de l'extraction des détenus de cellule ; recours à l'anonymat des surveillants effectuant les fouilles par le port de cagoule ; lancement d'un important programme de fouilles des cellules ; généralisation d'un régime différencié de détention en fonction de la dangerosité du détenu et de son évolution dans le temps ; changement rapide de cellule ou d'établissement pour les prisonniers les plus dangereux ; modernisation de la coopération entre la police, la gendarmerie et l'administration pénitentiaire. Le 10 juin 2003, est publié un arrêté portant création d'un système de reconnaissance biométrique de l'identité des détenus. Avec force publicité, le tournant sécuritaire intra-muros est amorcé.

C'est nettement plus discrètement que, le 12 juin 2003, au détour de l'examen d'une loi renforçant la lutte contre la violence routière, le même Dominique Perben obtient la modification de l'article 716 du Code de procédure pénale. Son objectif : obtenir l'abrogation du droit de tout détenu à disposer d'une cellule individuelle, dont l'effectivité est prévue trois jours après, le 15 juin. L'intervention du Sénat permettra de couper court à l'ambition du gouvernement. Le droit à l'encellulement individuel n'est pas aboli, mais son application reportée de cinq ans.

Les violences carcérales

Véronique Vasseur : J'ai toujours été étonnée des réactions de ceux que qui apprenaient que j'exerçais mon métier de médecin en prison. Tous voyaient l'univers carcéral comme un lieu où se déchaînent les violences. Et tous disposaient d'une explication qui leur semblait rationnelle : ce monde est violent parce qu'il concentre des personnes violentes.

Gabriel Mouesca : C'est oublier que la prison n'est pas seulement un théâtre de violences, elle en est aussi le terreau.

VV : Voilà précisément ce que je leur réponds. Enfermer quelqu'un contre son gré constitue une violence que le Code pénal condamne. Ça s'appelle la séquestration. Il n'y a pas de miracle. Même justifiée par le Code pénal comme une peine légale, la prison consiste à enfermer des gens contre leur gré et incarne une violence identique.

GM : Ajoutons à cela que la prison est le lieu d'un rapport de force permanent et à tout propos. D'un côté, le surveillant avec le règlement et la discipline qu'il doit faire respecter. De l'autre, la personne détenue avec quelques maigres droits reconnus, mais toujours susceptibles de se transformer en un privilège accordé ou refusé, selon le surveillant qu'elle trouve devant elle ou la prison dans laquelle elle séjourne.

VV : Sur le règlement, chacun doit comprendre que la prison est un endroit à l'envers. Sans jeu de mots. Je veux dire par là que, dans la vie courante – dehors –, tout ce qui n'est pas interdit est autorisé. La prison fonctionne à l'inverse : tout ce qui n'est pas autorisé y est interdit.

GM : Et ce qui est autorisé en prison ne va pas bien loin…

VV : Mais ce qui est interdit va très loin en revanche.

GM : Tu as raison de souligner ce paradoxe. Il faut aussi imaginer qu'une personne détenue est en situation de dépendance totale. Contrairement à nous, qui sommes libres, elle ne décide rien du matin jusqu'au soir de ce qu'elle fera ou de qui elle rencontrera durant sa journée. Strictement rien.

VV : Et, bien évidemment, cette prise en charge n'a rien à voir avec l'hôtel quatre étoiles que certains fantasment, quand ils imaginent les détenus nourris, logés, blanchis, ne demandant rien d'autre que d'être allongés sur un lit toute la sainte journée à regarder la télévision ou à jouer à la PlayStation.

GM : Non, bien sûr. Personne ne sort indemne de journées, semaines, mois ou années d'une existence aussi pauvre en sollicitations, d'un monde où l'on se trouve condamné à attendre que le temps passe.

VV : En fait, le détenu est traité comme un enfant. Mais comme un enfant particulier, le sale gosse en qui on n'a pas confiance. Et à qui on ne fera jamais confiance. Autrement dit, un enfant que l'on empêcherait de grandir en refusant obstinément de le responsabiliser ou qu'il se responsabilise.

GM : Plongée dans ce bain-là, n'importe quelle personne végète ou finit par se sentir traitée en animal. On a, là, les deux types de comportements retrouvés derrière les murs.

VV : La personne qui végète s'atrophie jusqu'à la mort tandis que l'animal blessé se défend et mord. Tel est le spectre des violences que suscite la prison, une violence retournée contre soi ou contre autrui.

GM : Et, bien évidemment, dans ce monde déshumanisant, les suicides comme les agressions entre détenus ou à l'égard des surveillants sont regardés comme des incidents, des événements troublant l'ordre intérieur et la sécurité.

VV : Qu'il s'agit de rétablir au plus vite…

L'ordre et la sécurité

Véronique Vasseur : La palette des dispositifs de maintien de l'ordre et de sécurité est large, comme chacun peut l'imaginer. Mais la panoplie ne cesse de s'agrandir. Dans une sorte de course sans fin.

Gabriel Mouesca : Dans une prison la sécurité est une obsession de tous les instants et du moindre recoin. Quant à l'ordre, il n'est pas moins omniprésent.

VV : La sécurité repose sur les miradors, les murs, les grilles, les barreaux…

GM : … les sas, les portes, les couloirs, les caillebotis, les filins, les glacis, les fils de fer barbelés… Comme tu l'as dit, la palette est large.

VV : Et l'ordre est obtenu avec le règlement, la commission de discipline…

GM : … l'isolement, les transferts inopinés, l'inscription au fichier des détenus particulièrement surveillés, les menottes, les entraves. Mais aussi avec la fermeture ou l'ouverture des portes des cellules, selon que l'on est en régime fermé ou ouvert… Là encore, la panoplie est conséquente.

VV : On peut ajouter les must : le quartier disciplinaire, les fouilles à corps, les ERIS[1]…

Le « mitard »

Véronique Vasseur : La pénitentiaire fait sa police intérieure. La loi le lui permet. Elle rend sa justice elle-même. La loi le lui accorde. Et c'est elle qui a les clés de la prison… à laquelle elle condamne : le quartier disciplinaire, le fameux mitard.

Gabriel Mouesca : Nous avons déjà évoqué le prétoire, incarnation des pleins pouvoirs concédés au directeur d'une prison. Avec la présence parfois, mais trop souvent l'absence de l'avocat.

VV : Le quartier disciplinaire représente la prison dans la prison. Une pièce dépouillée de tout avec un lit, une armoire et une chaise en béton. Elle est plus petite qu'une cellule. Seul

1. ERIS : Équipes régionales d'intervention et de sécurité.

avantage, on sait qu'elle n'accueillera jamais qu'une personne.

GM : Tu ne crois pas si bien dire. Nombre de détenus commettent sciemment des fautes disciplinaires pour être placés au mitard et se retrouver enfin seul.

VV : Le monde de la prison fonctionne vraiment à l'envers.

GM : Dans le paysage carcéral européen, le mitard est presque devenu une exception française. Il y a bien longtemps que nos voisins ont fermé ces cachots, préférant opter pour le confinement en cellule.

VV : Cette sanction disciplinaire existe aussi chez nous, mais elle est rarement prononcée, puisqu'elle suppose que les détenus ne partagent pas leurs cellules. Or c'est loin d'être le cas… Sinon, le confinement perd une partie de son sens.

GM : Il était attendu d'un pays comme le nôtre – qui s'enorgueillit de tenir haut et fier la bannière des Droits de l'homme – qu'il supprime ce châtiment d'un autre temps, révélateur d'autres mœurs.

VV : La loi pénitentiaire s'est contentée de réduire la durée maximale à laquelle on peut être condamné au quartier disciplinaire. De quarante-cinq jours, on est passé à trente. Ce qui nous laisse toujours en queue du peloton européen. Nous sommes décidément un pays modèle et moderne…

GM : Nous parlions plus haut du suicide. Il faut que les lecteurs sachent que l'on se suicide sept fois plus en prison qu'à l'extérieur, et sept fois plus au mitard que dans sa cellule. Cette seule donnée aurait dû convaincre le parlement de priver la pénitentiaire de cet outil barbare.

La fouille à corps

Gabriel Mouesca : Le premier geste imposé à toute personne incarcérée, c'est de se dénuder. La fouille intégrale inaugure la rencontre avec l'univers de la prison. Autant dire que l'on vous signifie d'emblée ce que vous êtes devenu.

Véronique Vasseur : Attends, les gens doivent réaliser exactement de quoi il s'agit. On ne demande pas seulement au nouveau venu de se mettre à poil devant un surveillant, on le somme aussi de se retourner, de se baisser. Autrement dit de montrer son anus. Et, pour terminer, on le prie de tousser afin d'être certain que rien n'y est dissimulé.

GM : Les choses sont claires, on n'est pas seulement un délinquant que l'on prive de sa liberté, mais un homme que l'on déshabille de sa dignité.

VV : Autrement dit, tout commence par une humiliation. Or la fouille à corps n'est pas uniquement effectuée quand on entre en prison, elle est pratiquée à maintes occasions.

GM : Oui. Systématiquement avant et après un parloir. C'est encore vrai malgré la loi de 2009 qui a pourtant affirmé la volonté du législateur de les limiter.

VV : Ce qui conduit nombre de détenus à renoncer aux rencontres avec leurs proches, tellement ils ne supportent plus d'être traités ainsi. Sans compter les membres de la famille qui espacent les visites une fois qu'ils ont compris l'humiliation endurée.

GM : Il était aussi attendu de la loi pénitentiaire qu'elle mette fin à cette pratique moyenâgeuse. D'autant plus aisément, je dirais, qu'elle porte atteinte à la dignité de la personne qui la subit mais aussi à celle qui la fait subir.

VV : Cela figurait d'ailleurs dans les promesses écrites de Nicolas Sarkozy.

GM : Et il n'était pas compliqué, cette fois, de trouver une alternative efficace. Il suffisait de décider l'installation, dans chaque parloir, d'un portique comme en possèdent tous les aéroports. Le plan d'équipement a été proposé par un sénateur UMP... mais le gouvernement l'a écarté.

VV : La fouille symbolise la prise de corps, donc le pouvoir sur la personne. Je ne vois pas d'autre raison à l'attachement viscéral de la pénitentiaire à cette pratique, puisque l'on sait que l'on ne découvre jamais rien dans le trou du cul des mecs.

GM : Elle a prétendu le contraire. Et, loin de l'abolir, a demandé et obtenu que soit autorisée la fouille des cavités internes.

VV : Autrement dit, on va jusqu'à introduire la main dans l'anus. C'est ignoble tant il suffit d'attendre que la nature fasse son boulot. Si le détenu a dissimulé quelque chose en l'ingérant, eh bien ça sortira tôt ou tard. Je ne comprends pas qu'un médecin, car seul un médecin est habilité à le faire, puisse accepter de se prêter à cette ignominie.

Les ERIS

Gabriel Mouesca : Je crois que c'est en février 2003 que la pénitentiaire s'est dotée d'une sorte de GIGN à elle : les équipes régionales d'intervention et de sécurité, alias ERIS.

Véronique Vasseur : Ce sigle en dit long sur l'ambiguïté de cette administration. Dans la mythologie grecque, Éris est la déesse de la discorde…

GM : Je l'ignorais. Comme quoi cette institution a des ressources et des ressorts qui me laissent sans voix.

VV : Lors de sa dernière visite en France, le Comité de prévention de la torture a demandé que ces cow-boys n'interviennent plus cagoulés.

GM : Mais le gouvernement a refusé de donner suite à cette requête. Le port de cagoule est le seul moyen, prétend-il, de protéger l'anonymat des surveillants qui font partie des ERIS.

VV : À mes yeux, l'administration pénitentiaire place cette catégorie de personnel dans des situations infernales. Où envoies-tu quelqu'un botté, casqué, armé… si ce n'est à la guerre ? Donc, qu'est-ce que tu demandes à ce genre de commando, si ce n'est de rentrer dans le lard des détenus ?

GM : Je n'ai pas eu à connaître les ERIS, puisque j'ai été libéré avant leur création, mais les témoignages évoquent effectivement des situations de violence fréquentes.

VV : C'est écrit d'avance. Je crois me souvenir que leur première mission a été décidée à l'occasion d'une prise d'otage dans la centrale de Moulins-Yzeure en novembre 2003. Après une intervention particulièrement musclée, deux détenus ont été placés au quartier disciplinaire. Un groupe de surveillants locaux, eux aussi cagoulés, est venu les passer à tabac, les déshabiller au cutter, etc.

GM : Ta mémoire est bonne. Et la Commission de déontologie de la sécurité a parlé d'une « atmosphère délétère de concurrence » avec leurs collègues des ERIS.

VV : Je le redis : c'était écrit d'avance.

L'ANNÉE 2004

Nombre de détenus :
59 246 au 1er janvier 2004
58 231 au 31 décembre 2004
Nombre de places de prison :
48 605 au 1er janvier 2004
50 094 au 31 décembre 2004

Garde des Sceaux : Dominique Perben (7 mai 2002-31 mai 2005).

Secrétaires d'État aux programmes immobiliers de la Justice : Pierre Bédier (7 mai 2002-22 janvier 2004) puis Nicole Guedj (22 janvier 2004-30 mars 2004).

Secrétaire d'État aux droits des victimes : Nicole Guedj (30 mars 2004-31 mai 2005).

Directeurs de l'administration pénitentiaire : Didier Lallement, préfet (10 septembre 2001-26 janvier 2004), puis Patrice Molle, préfet (26 janvier 2004-6 janvier 2006).

Le 7 juillet 2004, le député UMP Pascal Clément dépose sur le bureau de l'Assemblée son rapport d'information consacré au « Traitement de la récidive des infractions pénales ». « C'est l'un des enseignements que la mission retire de ses nombreuses auditions, l'évaluation de la dangerosité sociale des détenus au cours de la période d'incarcération et de leur risque de récidive est quasi inexistante, ce qui n'est pas satisfaisant », écrit celui qui succédera quelques mois plus tard à Dominique Perben.

Le terme de « récidive » et surtout celui de « dangerosité » commencent leur longue carrière législative.

Le récidiviste – étymologiquement « celui qui tombe » – n'est pas appréhendé comme le patient qui rechute sur le plan médical. L'investissement thérapeutique dont bénéficie le malade n'a d'égal que l'acharnement répressif qui frappe le délinquant, et tout particulièrement le criminel. Au premier l'empathie, au second les gémonies. Car c'est l'homme de tous les dangers.

« L'homme dangereux » est de retour. Écartée à la Libération, la notion de dangerosité revient en force dans certains milieux psychiatriques et criminologiques. Sa réhabilitation ne dissimule pourtant qu'imparfaitement les présupposés politiques ou idéologiques qui président à son usage dans la gestion pénale et pénitentiaire de la délinquance. Qu'importe ce que disent les psychiatres – « la dangerosité peut être ressentie comme l'est la beauté, selon l'appréciation de celui qui la considère », « le psychiatre qui doute affirme plutôt la dangerosité » – elle devient omniprésente.

Il y a très peu de criminels en prison…

Gabriel Mouesca : La question qui se pose est la suivante : cette débauche de moyens en faveur de la sécurité dans les prisons est-elle justifiée par la dangerosité des personnes incarcérées ?

Véronique Vasseur : D'évidence, elle est démesurée. Il n'y a qu'à regarder le profil pénal de la très grande majorité des détenus, la prison n'étant pas un lieu qui regorge – contrairement à ce qu'on peut imaginer – d'assassins ou de violeurs.

GM : Loin s'en faut, mais cette croyance a la vie dure. Il faut donc être précis. Sur près d'un million d'infractions sanctionnées chaque année, la proportion de crimes est de 0,4 %. Soit une toute petite partie des condamnations prononcées.

VV : Et ce en sachant que la qualification de « crime » rassemble des infractions très diverses.

Il n'y a pas toujours, à la clé, la mort d'une femme ou d'un homme.

GM : Effectivement. Un quart seulement des crimes concerne une affaire avec homicide volontaire ou des violences ayant entraîné la mort voire une infirmité permanente. On tombe donc à moins de 0,1 %.

VV : La proportion est infime, mais le nombre fait quand même froid dans le dos : 900 condamnations de ce type sont recensées chaque année.

GM : Auxquels il faut ajouter les viols, qui représentent en fait la moitié des crimes, soit 1 800 environ. Le reste est d'une tout autre nature avec les vols et recels aggravés, les extorsions de fonds ou le trafic d'armes et de stupéfiants. En tout, on compte 3 500 condamnations par an pour crimes. 3 500 personnes qui se retrouvent derrière les barreaux.

VV : Effectivement. Avec, comme sanction infligée, presque quasiment toujours la prison. Soit une réclusion à perpétuité ou à temps (cinq à trente ans), soit un emprisonnement ferme, avec ou non une partie de sursis.

GM : Dans tous les cas, les peines prononcées par les cours d'assises sont longues, voire très longues. La durée moyenne des réclusions à temps est de 14,3 ans, celle des peines d'emprisonnement sanctionnant un crime de 5,2 ans.

VV : Donc, ce type de condamnés finit par être en nombre dans la population détenue.

… mais beaucoup de petits délinquants

Gabriel Mouesca : Certes, mais sans pour autant former le contingent principal. Les personnes les plus nombreuses en prison, et de loin, sont en fait celles sanctionnées pour des délits mineurs.

Véronique Vasseur : Il s'agit d'auteurs d'infractions contre les biens, par exemple des gens ayant commis un vol simple ou qualifié, ou faisant du recel. Il y a aussi les auteurs d'infraction à la législation sur les stupéfiants ou à celle des étrangers. Et, enfin, les auteurs d'atteintes aux personnes, condamnés pour coups et violences volontaires ou certaines agressions sexuelles.

GM : L'écrasante majorité d'entre eux séjournent en prison pour des périodes courtes, voire très courtes. Quelques chiffres permettent d'en prendre la mesure : 15 % des détenus libérés sortent après avoir passé moins d'un mois derrière les barreaux. On monte à 30 % si on englobe les libérations après moins de deux mois, 42 %

après moins de trois mois, 68 % après moins de six mois, et 85 % après moins d'un an.

VV : Avec des durées de peine aussi courtes, difficile de croire qu'on se trouve en face de gens véritablement dangereux...

GM : Sauf que ce sont eux qui repassent une fois, deux fois, trois fois par la case prison. Ils forment les gros bataillons des récidivistes.

Prévenir la récidive ?

Véronique Vasseur : Récidive et dangerosité. Ces deux mots se sont imposés ces dernières années dans le vocabulaire pénal et pénitentiaire.

Gabriel Mouesca : Effectivement. En leurs noms, beaucoup de choses ont été dites... Et faites, puisque la loi pénitentiaire a consacré ces deux notions.

VV : En affirmant que la prévention de la récidive est le but ultime de la peine.

GM : Et que cela suppose une évaluation de la dangerosité de la personne détenue, notamment quand la perspective de sa libération est proche.

VV : Je trouve que cette notion de prévention de la récidive donne un sens à la peine beaucoup plus intéressant que les vieilles lunes de la neutralisation, de la dissuasion, de la rétribution ou de la réhabilitation.

GM : Auxquelles elle s'ajoute... Je remarque quand même qu'on a bien du mal à définir le sens de la peine. On accumule les objectifs dans un fourre-tout idéologique qui ne veut plus rien dire.

VV : En fait, derrière la prévention de la récidive se retrouve l'idée de protection de la société.

GM : Cette finalité était déjà présente. Quand on envoie quelqu'un en prison pour l'empêcher de nuire, que fait-on si ce n'est se protéger de lui ? Et quand on décide que ce sera pour dix, vingt ou trente ans, que fait-on si ce n'est chercher, quelque part, à se protéger de lui le plus longtemps possible ?

VV : Certes, mais la loi évoque plutôt la protection de la société au moment de la sortie...

GM : C'est précisément le problème. Il est certain que la prison est un outil efficace pour assurer une protection immédiate, puisqu'on soustrait la personne de la société. Mais après, une fois que celle-ci a été libérée et revient dans la collectivité des hommes ? C'est à ce moment-là que se mesure l'efficacité réelle de la peine d'emprisonnement.

VV : Là, ce n'est guère probant. Dans 60 % des cas, la personne est de nouveau condamnée, et près d'une fois sur deux repasse par la case prison.

GM : Même en regardant les choses avec optimisme, en estimant donc qu'une fois sur deux la prison a été utile, on peut s'interroger. Le parallèle est sans doute un peu osé, mais que penserait-on d'un garagiste incapable de réparer la moitié des voitures qu'on lui confie ?

VV : Ou d'un médecin qui raterait une fois sur deux ses opérations… ?

GM : Donc, je ne suis en rien rétif à une approche de la sanction qui se donnerait pour finalité première la prévention de la récidive. Je dis seulement que certains constats s'imposent, et qu'il faut les prendre en compte même s'ils peuvent être dérangeants.

VV : J'ai l'impression que, pour toi, toute récidive signifie un échec du système pénitentiaire. Qu'il s'agisse du voleur qui continue de plus belle sa carrière, ou du violeur qui commet de nouveau un tel acte.

GM : C'est ce que je pense.

VV : On ne peut quand même pas faire porter sur l'administration toute la faute. La personne a aussi sa propre part de responsabilité. Les torts sont forcément partagés.

GM : Certes, la responsabilité des deux parties est à interpeller. Dans le cas de la récidive d'un homme qui a passé dix ou vingt ans de sa vie en prison, donc qui avait commis quelque chose de grave, les questions sont limpides : qu'est-ce qu'on attendait de l'institution et qu'est-ce qu'on attendait de la personne ?

VV : En d'autres termes, qu'est-ce qui se passe en prison et qu'est-ce qu'il est vain d'en espérer ?

GM : C'est cela. Regardons la situation en face, avec un minimum d'honnêteté.

VV : Concernant ce qui s'y passe concrètement, ça va aller vite… Rien. Pour les longues peines, la prison se comporte comme un congélateur. On en ressort, au mieux, dans le même état qu'à l'arrivée. Et pour les petites peines, ni l'institution ni la personne n'ont le temps d'engager quoi que ce soit de sérieux.

GM : Pour une longue peine, sortir de prison dans le même état qu'au moment de son incarcération relèverait presque d'un moindre mal. En fait, on s'est abîmé. Et on a été abîmé.

VV : Tu peux en parler en connaissance de cause. Il serait bien que tu sois plus explicite.

GM : Le temps qui passe en prison, c'est comme l'effet, jour après jour, des marées sur la falaise. On se dit que la pierre est bien plus solide que l'eau. Mais, pourtant, arrive le moment où une partie de la roche s'effondre d'un coup. On ne sait jamais quand cela arrivera, mais on sait que cela arrivera.

VV : Comparaison éloquente. Ça me rappelle ce propos d'un directeur qui disait : « De prison, il sort des loques ou des fauves, et parfois des cadavres. »

GM : Malheureusement. Le temps carcéral ronge d'autant plus qu'il est particulièrement plombant pour la personne détenue purgeant une longue peine : elle a le poids du passé à tirer, l'inertie du présent à vaincre et l'incertitude de l'avenir à surmonter.

VV : Je crois que chacun saura de quoi il retourne désormais. Pour une courte peine, une autre problématique se pose.

GM : Oui. Le passage en prison est suffisamment long pour déstabiliser et fragiliser une personne, mais il n'est pas suffisant pour dénicher un logement, décrocher un boulot, mener à bien une formation ou un apprentissage…

VV : À supposer que la prison soit le lieu approprié pour entreprendre cela. Elle ne l'est assurément pas.

GM : Difficile, dans ces conditions, d'escompter quoi que ce soit de bon d'un séjour – petit ou long – derrière les barreaux.

VV : D'évidence. C'est d'ailleurs en arguant de la diversité des publics et des infractions que l'on nous a dit, au moment de la loi pénitentiaire, que la prison ne pouvait « résoudre toutes les difficultés des personnes qui lui sont confiées » et n'avait de toute façon « pas vocation à traiter le chômage, lutter contre l'illettrisme ou régler les conflits familiaux ».

GM : Qu'en termes élégants tout cela est dit…

VV : Et, donc, que la réinsertion était une « ambition démesurée » à laquelle il convenait désormais de substituer « des objectifs atteignables, dans ce qu'on peut nommer une version raisonnée de la réinsertion », dont « l'efficacité se mesure par la non-récidive ».

GM : Désolé si j'adopte un langage un peu familier, mais j'ai un peu l'impression que l'on nous a trompés sur la marchandise durant des décennies.

VV : En fait, les pouvoirs publics ne pouvaient continuer à faire croire qu'ils étaient en mesure de favoriser la réinsertion, parce que plus personne ne gobait ce pieux mensonge.

GM : Et j'ajouterai que l'on bascule dans l'escroquerie intellectuelle… avec cette nouvelle fable d'une prison qui deviendrait l'école de la non-récidive.

VV : Il est vrai que la loi pénitentiaire a oublié de nous préciser comment elle allait s'y prendre…

Évaluer la dangerosité…

Gabriel Mouesca : Pas totalement en vérité… Elle nous a dit que, pour prévenir la récidive, elle allait évaluer la dangerosité des détenus.

Véronique Vasseur : Quand tu parlais d'escroquerie intellectuelle… on est en plein dedans. Que cette institution puisse se prétendre capable d'évaluer la dangerosité d'un détenu me sidère. Là, il faut être clair : on est dans le grand n'importe quoi. Évaluer une dangerosité suppose que l'on puisse la détecter et qu'ensuite on soit capable de la mesurer. On ne sait faire ni l'un ni l'autre.

GM : C'est un peu déroutant…

VV : Prétendre le contraire est une sinistre imposture. D'autant que l'on ne sait même pas ce qu'est vraiment la dangerosité.

GM : Si je comprends bien, on bascule de la prévention de la récidive vers la prédiction de la récidive.

VV : C'est même le cœur du problème. Car tout ce que l'on peut établir, comme le disent les psychiatres, est une probabilité de récidive. À savoir la probabilité – jamais certaine mais jamais nulle – qu'une personne commette une infraction plus ou moins grave, dans un laps de temps plus ou moins long, dans des contextes plus ou moins propices, bien difficiles à prévoir.

GM : Nous voilà avancés ! On est, tous, de potentiels récidivistes à cette enseigne. Personne ne passe au travers des mailles d'un tel filet.

VV : Le risque est double, en fait. On se retrouve dans des logiques perverties. La personne détenue va adopter inconsciemment ou consciemment le comportement attendu d'elle, ce qui va fausser les diagnostics. Et puis, cette focalisation sur la dangerosité a des effets pervers. Dès que l'on cherche les facettes négatives du comportement d'une personne, on finit par les trouver. A fortiori dans le cas d'un détenu : on ne découvre même que cela, puisqu'on ne cherche que cela.

GM : Qui est censé procéder à ces évaluations ?

VV : Les conseillers d'insertion et de probation et les psychiatres.

GM : Mais depuis quand sont-ils des criminologues ?

VV : Ils ne le sont pas. D'ailleurs, ils ne l'ont jamais été et ne le seront jamais. Mais on attend d'eux qu'ils jouent ce rôle. Les travailleurs sociaux sont sommés d'abandonner le champ de la réinsertion pour réaliser des « diagnostics à visée criminologique » et animer des « programmes de prévention de la récidive ». Quant aux psychiatres, en plus des soins qu'ils prodiguent en détention, on leur demande de dispenser des « thérapies destinées à limiter le risque de récidive ».

GM : Des programmes et des thérapies que la personne détenue ne pourra refuser, car elle sait qu'elle perdra, sinon, le bénéfice des réductions de peine et la possibilité d'obtenir une libération conditionnelle. Comme tu l'as dit, on pervertit tout.

VV : Pour ce qui est des psychiatres, la frontière entre la peine et le soin a explosé. Ils ne sont plus vus comme des soignants mais comme des experts. Eux-mêmes disent qu'on se trompe sur leur compte. Qu'il ne faut pas attendre d'eux ce qu'ils sont incapables de donner : un pronostic. Je crois vraiment qu'il faut les entendre lorsqu'ils nous rappellent que le risque zéro n'existe pas et que le futur ne se prédit pas.

GM : Et quand ils nous rappellent que tout homme a, en lui, des capacités évolutives et des aptitudes au changement.

VV : Les magistrats s'inquiètent à leur tour. Ils nous disent que l'on ne sait plus très bien ce que l'on fait. Ni où l'on va.

L'ANNÉE 2005

Nombre de détenus :
58 231 au 1er janvier 2005
58 344 au 31 décembre 2005
Nombre de places de prison :
50 094 au 1er janvier 2005
51 252 au 31 décembre 2005

Garde des Sceaux : Dominique Perben (7 mai 2002-31 mai 2005), puis Pascal Clément (2 juin 2005-15 mai 2007).

Secrétaire d'État aux droits des victimes : Nicole Guedj (30 mars 2004-31 mai 2005).

Directeur de l'administration pénitentiaire : Patrice Molle, préfet (26 janvier 2004-6 janvier 2006).

« Nous avons honte. » Le titre de l'appel de 200 personnalités à la une du *Nouvel Observateur*, le 3 novembre 2005, est la goutte d'eau qui fait déborder le vase. Il en fallait une, c'est celle-ci. Quelques jours auparavant, le 20 octobre, l'OIP avait fait paraître son rapport sur les conditions de détention, une édifiante plongée dans l'enfer carcéral. La publication sort un mois après la première visite en France du commissaire aux Droits de l'homme du Conseil de l'Europe. Entre les 5 et 21 septembre, M. Alvaro Gil-Robles s'est fait ouvrir les portes des lieux de détention. Il en ressort profondément choqué et le fait savoir dans *Libération*. Haut et fort : « De ma vie, sauf peut-être en Moldavie, je n'ai vu un centre pire que celui-là ! C'est affreux ! Les gens s'entassent dans un sous-sol sur deux niveaux, sans aération. Ils se promènent dans une cour minuscule grillagée de tous côtés. Au second niveau, on marche sur la grille, au-dessus de ceux du premier niveau. Les fonctionnaires en sont eux-mêmes très gênés. Il faut fermer cet endroit, c'est urgent. » Le commissaire ne parle pas d'une prison, comme tout un chacun l'a pensé, mais du centre de rétention des étrangers en instance d'expulsion situé au sein du « dépôt » du Palais de Justice de Paris. L'administration pénitentiaire déplore l'amalgame. Qu'importe la lettre, s'en étonnera plus tard Alvaro Gil-Robles, c'est bien l'esprit de ce qu'il y avait à dire.

Et à entendre. Cinq années ont passé depuis les commissions d'enquête parlementaires. Il n'y a pas eu de loi pénitentiaire. Il n'y a pas encore de contrôleur des prisons. Mais il y a déjà 10 000 détenus de plus derrière les barreaux.

Les activités en détention

Gabriel Mouesca : On ne sait pas où l'on va, mais on sait où l'on en est. Les rapports se suivent et se ressemblent depuis les commissions d'enquête parlementaires de 2000. Toujours aussi « accablants », selon le terme consacré par la presse pour en rendre compte.

Véronique Vasseur : Avec, finalement, l'impression qu'ils ne servent pas à grand-chose, puisque rien ne change dans le fond. Ou que la moindre petite évolution nécessite un temps fou. On peut prendre n'importe quel aspect du quotidien de la vie carcérale en exemple. Regarde, le travail des détenus en prison. Je suis ahurie de constater que l'on persiste à leur refuser tout contrat de travail…

GM : On y viendra un jour, forcément, mais il est vrai qu'il n'en existe toujours pas. La loi pénitentiaire s'est contentée d'un vague contrat d'engagement.

VV : Pour responsabiliser les détenus, comme on le prétend, on doit les placer réellement, concrètement, dans la situation qu'ils auront à connaître dehors. Là, on les renvoie à la condition des travailleurs du XIXe siècle.

GM : On n'en est pas loin en effet… Avec des salaires de misère, des tâches abrutissantes, répétitives et non qualifiantes, sans aucun lien avec le marché de l'emploi.

VV : Tout cela est injustifiable et, en plus – je me répète –, n'a aucun sens.

GM : Dans le genre absurde, le parlement a fait très fort. Alors que le taux de chômage atteint 75 % en prison, il n'a rien trouvé de mieux que d'instaurer une obligation d'activité… à la personne détenue.

VV : On revient carrément au travail forcé que prohibent toutes les conventions signées par la France.

GM : Ce genre d'initiative témoigne d'une méconnaissance totale de la prison de la part des représentants de la Nation, mais donne aussi une idée de l'image qu'ils ont des prisonniers.

VV : Manifestement, ils sont très attachés aux vieilles maximes du style « l'oisiveté est mère de tous les vices »… Ils devraient savoir pourtant que la plupart des détenus souhaitent une remise à niveau scolaire, veulent suivre un enseignement ou débuter une formation. Des demandes auxquelles la pénitentiaire est bien incapable de répondre.

GM : Elle ne s'est pourtant pas opposée à l'instauration de cette obligation d'activité.

VV : Étrange…

GM : Pas forcément. Cela va lui permettre d'obliger certains détenus à sortir de cellule. Et de pouvoir sanctionner ceux qui refuseront de suivre un des programmes de prévention de la récidive.

VV : En somme, du contre-productif de A à Z. Je ne comprends pas pourquoi on refuse tout simplement d'appliquer la législation du travail en prison.

GM : Parce que les concessionnaires privés ne veulent surtout pas entendre parler de contrats de travail ou de rémunérations décentes. À les écouter, on doit plutôt se réjouir de cette « flexibilité » qui évite pas mal de délocalisations. Autrement dit, c'est comme ça ou rien.

VV : Eh bien, c'est rien… Virons purement et simplement le privé des prisons. On fera ainsi l'économie de la grosse ambiguïté sur les raisons profondes de la présence des concessionnaires, à savoir les profits qu'ils comptent en tirer.

GM : Pour mettre quoi à la place ? Question que pose en général la pénitentiaire afin de justifier le *statu quo*…

VV : Comme on trouve tous les corps de métiers, ou presque, dans la fonction publique, ne pourrait-on concevoir un système où l'on proposerait à tout détenu de choisir dans cette large palette le métier qu'il veut faire ? Puis il l'apprendrait durant sa période de détention, dans le cadre d'une formation rémunérée comme à l'extérieur.

GM : Il s'agirait, en effet, d'une réponse appropriée à la question de l'oisiveté qui tarabuste nos élus, mais aussi à celle du coût de la vie en prison, prohibitif. Et encore à celle des indemnisations diverses auxquelles les détenus sont tenus, comme le remboursement des parties civiles.

VV : Si la période de détention était trop courte pour achever la formation, on pourrait aussi imaginer qu'elle se poursuive à l'extérieur. En tout état de cause, il faudrait que l'on ne s'arrête pas là, une fois la personne libérée.

GM : Tu songes à lever l'impossibilité pour une ancienne personne détenue d'intégrer la fonction publique ?

VV : Pourquoi pas. C'est presque une provocation, à l'heure où l'on veut réduire le nombre de fonctionnaires ; mais en supprimant cette interdiction l'État donnerait enfin le bon exemple.

GM : Effectivement… Notamment parce que, comme beaucoup de gens, j'avais cru comprendre qu'une fois sa dette payée, on est en règle avec la société et on bénéficie du droit à l'oubli.

VV : Il faut accompagner les personnes libérées en leur mettant le pied à l'étrier. À l'État d'inventer un dispositif, même provisoire, pour permettre aux gens de se stabiliser à l'extérieur dans une vie décente.

GM : Effectivement. Sinon, l'avenir d'une personne détenue se résume à celui d'être un ancien détenu. Une étiquette se substitue à l'autre, mais c'est toujours le même parcours du combattant.

VV : Si mon idée hérisse le poil, alors il faut en passer par l'application du droit commun. Pendant la détention, il n'y a aucune raison de continuer à faire différemment dedans que dehors. Donc les détenus qui travaillent bénéficient d'un contrat en bonne et due forme ; et les autres d'un droit d'accès, comme tout un chacun, aux minima sociaux.

GM : Il me tarde d'entendre la réaction des pouvoirs publics à ta première proposition.

Concernant les minima sociaux, on la connaît depuis l'époque de Rachida Dati : « Je suis contre l'assistanat dans l'assistanat. »

VV : Tout un programme ! De toute façon, on devra avancer sur cette question. Et proposer autre chose aux détenus que de pousser de la fonte.

GM : Je décode… lever des haltères. En même temps, tu le sais, l'espace du sport est une nécessité vitale pour une population âgée en moyenne d'une trentaine d'années. Et le trop-plein d'énergie est bien la seule chose dont une personne détenue peut se libérer !

Les soins aux détenus

Gabriel Mouesca : Car il s'agit d'une population dans la force de l'âge, comme on dit. Mais qui cumule des handicaps sévères et nombreux d'un point de vue sanitaire. Ce n'est pas à toi que je vais l'apprendre…

Véronique Vasseur : J'ai toujours été surprise de découvrir l'état de santé particulièrement dégradé des personnes que je voyais arriver dans mon cabinet à la maison d'arrêt. Elles ont de gros besoins sanitaires. Sur tous les plans, somatique et psychiatrique.

GM : On dit souvent que la prison représente une opportunité de soins pour une population qui vit en marge de la société, donc peu en contact avec le système de santé.

VV : On le dit, mais c'est mal connaître la réalité de la prison encore une fois. Le nombre de personnels médicaux n'augmente pas du tout au rythme de l'accroissement de la population incarcérée.

GM : Pourtant, certains prétendent que la situation s'est considérablement améliorée depuis une quinzaine d'années.

VV : C'est vrai. Une grande réforme de 1994 a transféré la responsabilité des soins de l'administration pénitentiaire au service public hospitalier. Je l'ai vécue de l'intérieur, puisque j'étais en poste depuis 1992. On n'en est plus à la médecine de brousse d'antan, mais elle reste une médecine d'urgence.

GM : Qui s'exerce dans un milieu pathogène…

VV : C'est pour moi le problème principal. Les conditions d'hygiène et de salubrité viennent aggraver l'état de santé des détenus. Si tu ajoutes l'alimentation carencée ou le fait que les incarcérés restent cloîtrés et entassés dans leurs cellules 22 heures sur 24… la prison se transforme en foyer infectieux propice au développement des maladies les plus diverses. Mais il y a aussi, et surtout, l'impact de l'emprisonnement sur la santé physique et mentale.

GM : Que constate un médecin à ce sujet ?

VV : Tous les sens s'atrophient en prison. Sauf l'ouïe qui, elle, se surdéveloppe à cause du bruit omniprésent. On perd l'odorat, on perd le goût, on perd le toucher, on perd la vue. Et puis on tourne en rond, pas seulement dans les cours de promenade, dans la tête aussi. Au bout d'un moment, tous les repères spatiaux ou temporels disparaissent. On devient dingue, tout simplement.

GM : Les déchéances physiques et psychiques dont j'ai été témoin tout au long de mon parcours carcéral ne sont pas racontables.

VV : Il le faudrait pourtant, un jour. Pour un médecin, la prison ressemble à un champ de bataille où l'on remet d'aplomb tant bien que mal des blessés qui n'ont d'autre perspective que de repartir à la guerre.

Le suicide en prison

Gabriel Mouesca : Il ne faut pas chercher plus loin les raisons pour lesquelles la prison est un lieu où l'on se suicide plus qu'ailleurs. Sept fois plus, rappelons-le. La France est première dans le concert des pays européens sur deux plans : son taux d'évasion – le plus bas – et son taux de suicide, le plus haut.

Véronique Vasseur : Cela me rappelle le propos effrayant d'un surveillant devant les commissions d'enquête parlementaires : il racontait qu'à l'École nationale de l'administration pénitentiaire, on leur faisait comprendre que mieux valait dix suicides qu'une évasion. Il faut espérer que cela ne soit plus d'actualité.

GM : La sursuicidité des prisons françaises doit être interpellée sans relâche. Il faut comprendre pourquoi des pays comme la Suède et la Belgique ont un taux de suicide en prison inférieur au nôtre alors que l'on se suicide davantage en général dans ces pays que chez nous.

VV : Je ne comprends pas pourquoi les choses ne s'améliorent pas sur ce point. Depuis 1998, une circulaire de l'administration pénitentiaire pose le principe d'une politique de prévention du suicide consistant avant tout à restaurer le détenu fragile ou dépressif dans une place d'acteur et de sujet de sa vie.

GM : Elle ajoute qu'il est vain et contre-productif de chercher par tous les moyens à empêcher la personne de se donner la mort.

VV : Je ne vois rien à changer dans cette philosophie. C'est exactement ce qui doit être fait. Et c'est d'ailleurs l'approche que l'on adopte généralement à l'extérieur.

GM : En fait, cette circulaire n'a jamais été respectée ; ni dans sa lettre ni dans son esprit. Elle suppose probablement une trop grande révolution culturelle…

VV : Il est clair que voir le problème ainsi implique de considérer le détenu autrement que comme un numéro d'écrou ou un matricule. On ne se met pas à l'écoute de la souffrance d'un numéro d'écrou ; on ne repère pas la détresse d'un matricule…

GM : C'est pourtant ce qui est demandé aux surveillants : avoir cette écoute et assurer ce repérage.

VV : Mais ce n'est pas leur métier ! Même avec la meilleure volonté du monde, ils sont incapables de jouer le rôle de psychologues. Je trouve même indécent de les placer dans cette situation. En plus, dans la plupart de cas, ils seront les derniers à qui un détenu se confiera.

GM : Le suicide est une question de santé publique. C'est donc, selon moi, au ministère de la Santé et à ses personnels de le prendre en charge.

VV : Il est certain que nous serions mieux à même de jouer ce rôle que les surveillants. Mais attention à ne pas renforcer un peu plus l'ambiguïté de la présence des médecins et des psychiatres en prison. Ou, du moins, l'instrumentalisation qui en est faite par le système.

GM : Tu veux parler de l'attestation qu'elle vous demande pour garantir la compatibilité de l'état de santé d'une personne détenue avec son placement ou son maintien au quartier disciplinaire ? Ou à l'isolement ?

VV : Exactement. Je veux parler aussi du respect du secret médical. La pénitentiaire veut imposer aux soignants ce qu'elle appelle un « partage opérationnel d'information », qui ruinerait la relation de confiance obligatoire entre un médecin ou un psychiatre et son patient. Cette confiance ne peut reposer que sur la confidentialité des échanges.

GM : La tendance naturelle de l'institution est, hélas, inverse. Elle veut tout savoir des faits et gestes d'une personne détenue, et mise sur vous pour avoir accès à ses pensées…

VV : Les médecins, comme tous les autres intervenants en prison, doivent rester dans une position de tiers entre détenus et surveillants. À égale distance des demandes des uns et des exigences des autres.

GM : Je comprends cette position de principe. Et je la soutiens. Mais il faut quand même que le ministère de la Santé dise clairement s'il cautionne les démarches entreprises par l'administration pénitentiaire en matière de prévention du suicide.

VV : Effectivement, qu'il s'agisse des rondes spéciales, du kit anti-suicide, des cellules lisses, ou des codétenus de soutien, à coup sûr le ministère de la Santé n'aurait jamais proposé ce type de dispositifs. Demander aux surveillants, toutes les deux heures, voire chaque heure, de regarder à l'œilleton de la porte pour constater si la personne détenue est encore vivante est une aberration totale. Réveiller toutes les heures un type fragile qui aura d'infinies difficultés à se rendormir défie tout bon sens. C'est prendre le risque de le fragiliser un peu plus.

GM : Avec le kit anti-suicide, on impose à cette même personne détenue de porter des vêtements déchirables, pour que la corde qu'il fabriquerait avec se casse sous son poids. Et si cela ne suffit pas, on l'enferme dans une cellule sans aspérités aux murs afin d'éviter qu'il trouve un quelconque endroit où se pendre.

VV : En développant cette logique à son terme, on entrevoit la prochaine étape de cette fuite en avant : une cellule capitonnée où le détenu est placé nu sous le regard permanent d'une caméra… Avec un tel dispositif, la pénitentiaire réussirait probablement à faire baisser radicalement le nombre de suicides, mais on aurait atteint le degré zéro d'une prise en charge, comment dire… humaine.

GM : Avec les codétenus de soutien, je trouve que l'on atteint déjà un sommet d'hypocrisie. La pénitentiaire demande à des détenus de pallier les défaillances du système carcéral et, en plus, elle se dédouane de ses propres responsabilités.

Les liens familiaux

Gabriel Mouesca : L'une des réponses à la question du suicide aurait pu être recherchée dans ce qui permet à l'incarcéré de maintenir le lien avec sa famille, et plus largement avec l'extérieur.

Véronique Vasseur : Là encore, cela supposerait d'engager la révolution culturelle dont tu as parlé. Elle n'est manifestement pas à l'ordre du jour. La pénitentiaire n'acceptera jamais de modifier ses règles de fonctionnement, même dans le cas d'un détenu suicidaire. Pourtant, la première chose à faire serait de lui permettre de parler avec ses proches, ou mieux, de les voir autant que faire se peut.

GM : Un assouplissement de la réglementation, même par le biais d'une autorisation temporaire, semble inconcevable pour cette institution.

VV : Je n'arrive pas à comprendre que l'on puisse à ce point refuser de répondre aux besoins élémentaires des personnes, y compris dans cette situation particulière de souffrance et de détresse.

GM : Il est évident que la famille joue un rôle capital dans l'équilibre mental d'une personne détenue. Mais la pénitentiaire n'y prête pas grande attention. C'est même le cadet de ses soucis.

VV : Une grossière erreur ! Non seulement il est vital de préserver le lien affectif avec la famille, mais il faudrait tout entreprendre pour qu'il se développe. On sait qu'il s'agit d'un point d'appui précieux pour le détenu. Le temps qu'il a fallu pour qu'on finisse par prendre la décision d'installer des unités de visites familiales dans chaque établissement est vertigineux.

GM : Il faut dire que, sur ce point, la pénitentiaire a buté des années sur l'opposition farouche des syndicats de personnels. En ouvrant le dossier des unités de vie familiale (UVF), on tombait sur un sujet tabou : la sexualité des détenus.

VV : Je me rappelle. Avec un certain humour, sans doute involontaire, certains syndicats ont fait savoir qu'ils ne voulaient pas être des gardiens de maisons closes…

GM : Résultat, pendant quinze ans, les choses n'ont pas bougé. On en est resté au stade d'une expérimentation dans trois prisons. Les personnels menaçaient d'empêcher physiquement l'ouverture de ces structures.

VV : Inadmissible. On ne doit plus accepter ce genre de chantage. Ce n'est pas aux surveillants de décider ce que sont et doivent être les droits des détenus.

GM : Rappelons qu'être privé de liberté ne signifie pas être dépossédé de toute vie affective et sexuelle.

VV : Pas plus que la peine d'emprisonnement ne doit priver une femme de la possibilité de maintenir ce lien avec son compagnon incarcéré…

GM : La loi pénitentiaire a soldé ce débat en prévoyant que toute personne détenue, prévenue ou condamnée, peut avoir accès à une UVF ou à un parloir familial une fois par trimestre.

VV : Quelques mots en plus sur l'attitude des syndicats. C'est quand même une sinistre farce de leur part. Je trouve même qu'ils défendent bien mal leur profession. N'importe quel surveillant sait pertinemment que la possibilité donnée à un détenu de rencontrer sa femme, son père, ses sœurs et ses frères, ou encore ses enfants agira comme un élément pacificateur.

GM : Donc leur intérêt bien compris est de favoriser ce genre d'évolution, c'est évident ! Et je suis prêt à prendre le pari que ces mêmes syndicats de personnels appelleraient à la grève si, d'aventure, dans le futur, il prenait l'idée à un prochain garde des Sceaux de revenir sur les UVF.

VV : C'est ce qui se serait passé si Dati, Alliot-Marie ou Mercier avaient pris la décision de supprimer la télévision dans les cellules. Alors même que les syndicats défilaient sous les fenêtres de Badinter quand il l'autorisa en 1985… Quand on pense que l'on vient seulement d'autoriser l'accès au téléphone pour tous les détenus, ou qu'il a fallu qu'un type comme Pierre Botton fasse des pieds et des mains pour obtenir en 2000 qu'un père incarcéré puisse signer les carnets de notes de son enfant. On voit où l'on en est de la condition carcérale…

GM : Et on ne peut même pas se dire que les choses évoluent, certes lentement, mais toujours dans le bon sens. J'ai appris récemment qu'une circulaire de 2011 prévoit d'autoriser les dessins d'enfants pour leurs papas incarcérés.

VV : C'est très bien, de quoi tu te plains ?

GM : Les gamins doivent faire leur dessin sur un papier pas plus grand que 10 cm de côté, sinon il est refusé…

VV : Quel cauchemar permanent cette administration ! Et elle s'étonne d'être toujours prise à partie. Quelle honte !

L'ANNÉE 2006

Nombre de détenus :
58 344 au 1er janvier 2006
58 402 au 31 décembre 2006
Nombre de places de prison :
51 252 au 1er janvier 2006
50 588 au 31 décembre 2006

Garde des Sceaux : Pascal Clément (2 juin 2005-15 mai 2007).

Directeurs de l'administration pénitentiaire : Patrice Molle, préfet (26 janvier 2004-6 janvier 2006), puis Claude d'Harcourt, préfet (6 janvier 2006-7 janvier 2010).

Emblématique d'une année marquée par une actualité riche et foisonnante, la succession d'événements scandant la première quinzaine de janvier témoigne du carrefour que représente 2006 dans la décennie carcérale.

Le vendredi 6 janvier 2006, le préfet Claude d'Harcourt prend officiellement ses fonctions de directeur de l'administration pénitentiaire, marquant de son empreinte l'institution. Quatre ans plus tard, il sera remplacé par Michèle Alliot-Marie. Artisan en chef de la loi pénitentiaire du 24 novembre 2009, il en revendique la paternité et la victoire qu'elle constitue à ses yeux sur les conceptions divergentes du contrôleur général des lieux de privation de liberté, du commissaire européen aux Droits de l'homme et de l'OIP. Le même jour, *Le Figaro* révèle un rapport des Renseignements généraux (RG) sur le prosélytisme islamiste en prison. Quelques mois après avoir qualifié le phénomène de « bombe à retardement », les RG évoquent les activités de 175 islamistes dans 68 établissements : incitations à prier en groupe, pressions sur les codétenus, demandes de locaux de culte ou d'acquisition de tapis de prière.

Le mardi 10, l'Observatoire international des prisons fait paraître dans *Libération* un appel à l'organisation d'états généraux de la condition pénitentiaire. De son côté, la Cour des comptes publie un rapport intitulé : « Garde et réinsertion – La gestion des prisons. »

Le mercredi 11, le Conseil de l'Europe adopte une nouvelle version de ses Règles pénitentiaires européennes.

Le 12, les trois auteurs d'une tentative d'évasion de la centrale de Moulins-Yzeure en 2003 sont condamnés à des peines de cinq à dix ans d'emprisonnement. Pour tenter la belle, les trois complices avaient utilisé des explosifs et un pistolet automatique, sans que l'on sache comment ces armes avaient pu entrer en prison. La tentative d'évasion n'avait pas fait de blessés parmi les surveillants.

Le samedi 14, une campagne nationale pour le respect du numerus clausus en prison est lancée à Lyon. L'un des intervenants de cette journée déclare : « Notre modèle judiciaire et carcéral est à bout de souffle. Les valeurs humanistes qui irriguent l'histoire de France ont déserté nos prisons, désormais transformées en zones de non-droit. Cette situation est moralement inacceptable. Elle est une plaie béante au cœur même de notre République, une honte trop longtemps étouffée par un silence coupable. » Il ajoute : « La gauche du milieu du XIXe disait qu'on ne réforme pas les prisons sans réformer, aussi, le droit pénal qui les alimente et l'esprit qui les gouverne. Elle revendiquait que, même moderne, la punition n'est rien là où la dignité n'est pas. » Dominique Strauss-Kahn – puisqu'il s'agit de lui – n'était pas encore passé par les cellules de Rikers Island, mais il avait compris ce qu'est la prison. Et la manière d'aborder sa réforme.

Les états généraux de la condition pénitentiaire

Véronique Vasseur : En 2000, la commission d'enquête du Sénat envisageait de titrer son rapport : « La honte de la République. » Puis, l'estimant un peu trop excessif, elle a opté finalement pour : « L'humiliation. » Quand on constate que, près de dix ans après, au cœur de l'été 2009, c'est précisément le mot « honte » que choisit d'employer Nicolas Sarkozy pour parler des prisons devant le Congrès de Versailles, on mesure en négatif le chemin parcouru…

Gabriel Mouesca : Ce terme est aussi celui utilisé, à mi-chemin de la décennie, en novembre 2005, dans un appel lancé par 200 personnalités publié par *Le Nouvel Observateur* : « Nous avons honte de nos prisons », disent-elles. Or c'est en lisant cet appel qu'est venue à l'OIP l'idée d'états généraux de la condition pénitentiaire.

VV : Quelle initiative ! Le projet de rassembler l'ensemble des acteurs du monde carcéral et de faire en sorte qu'ils interpellent d'une même voix les candidats à l'élection présidentielle de 2007 s'avérait une sacrée gageure. Je peux d'autant plus saluer la réussite de ces états généraux que je n'en étais pas partie prenante. Je les ai néanmoins suivis, comme beaucoup de monde, avec attention.

GM : Je crois qu'ils ont laissé une trace indélébile dans la mémoire collective. Primo : ils ont permis de mettre en évidence l'esprit civique de la population captive et de faire la démonstration qu'il y avait tout à gagner à lui donner la parole. Secundo : ils ont fait apparaître clairement que deux points de vue dits inconciliables, celui des détenus et celui des surveillants, pouvaient se révéler très proches.

VV : J'ajouterai deux autres enseignements de cette aventure. D'abord, que l'on peut compter sur l'investissement absolu de Robert Badinter dans le combat pour l'amélioration de la condition pénitentiaire. Et, a contrario, que l'on ne peut décidément pas compter sur les promesses des hommes politiques dans un domaine comme la prison.

GM : Du moins, sur celles du candidat ayant remporté l'élection présidentielle…

VV : Je suis, hélas, certaine que l'on aurait connu la même déception avec ses adversaires.

GM : En tout cas, c'est sans état d'âme que Sarkozy a renié sa parole.

VV : S'il n'y avait que lui ! Parmi les signataires de l'appel du *Nouvel Observateur* se trouvaient six futurs membres de son premier gouvernement : Roselyne Bachelot, Christine Boutin, Hervé Morin, André Santini, Bernard Kouchner. Et Martin Hirsch.

GM : Je sais que certains d'entre eux n'ont pas ménagé leur peine pour que cet engagement ne reste pas lettre morte.

VV : En vain, manifestement…

GM : En vain, il est vrai. J'ai été indigné de constater le mépris dont témoignait le président de la République en refusant de donner suite à une initiative que Robert Badinter qualifiait pourtant d'historique.

VV : Une seconde fenêtre ouverte, pour reprendre l'expression que lui-même avait employée en 2000.

GM : Mais je suis tout aussi révolté par la désinvolture de l'institut qui fut en charge du dépouillement des questionnaires remplis par les détenus.

VV : Que veux-tu dire ?

GM : Les états généraux s'étaient engagés à transmettre l'ensemble des réponses des détenus à un laboratoire de recherche en sociologie. Objectif : que cette matière inédite fasse l'objet de toute l'attention qu'elle méritait. Lorsque le moment a été venu, cet institut a expliqué avoir égaré les 15 000 questionnaires des détenus, précisant que la cinquantaine de cartons les contenant avait été orientée par erreur vers la décharge lors d'un déménagement !

VV : Quel gâchis ! Et quelle terrible symbolique que cette parabole d'une parole confisquée, faisant une brève irruption dans le débat public mais repartant d'où elle n'aurait jamais dû sortir aux dires de certains : à la poubelle !

GM : Cela prive à jamais la mémoire collective de l'apport de l'analyse d'une parole très précieuse. C'est un préjudice irréparable.

Paroles de détenus

Véronique Vasseur : Rien ne viendra remplacer cette perte inestimable. Pour autant, la parole des détenus s'est fait entendre tout au long de la décennie. Et même avant. Je pense aux quelques pages que *Libération* avait consacrées aux « paroles emprisonnées » en mars 1999, sous la forme de ce que le journal appelait un « abécédaire du désarroi ». C'était saisissant.

Gabriel Mouesca : Il y a aussi le livre *Paroles de détenus*, justement, rassemblées par Jean-Pierre Guéno quand il était directeur des éditions de Radio France. L'initiative citoyenne par excellence. Après un appel sur les ondes, il avait été submergé de réponses venues de toutes les prisons de l'Hexagone.

VV : Ce recueil, paru en décembre 2000, figure systématiquement, depuis, parmi les supports pédagogiques des enseignants quand ils évoquent la prison dans les écoles, les collèges ou les lycées.

GM : Je me souviens aussi d'une autre initiative du *Nouvel Observateur* remontant à la fin janvier 2000, une semaine après la publication des extraits de ton livre. Cet hebdomadaire fait alors paraître un manifeste des VIP incarcérés, titré : « Ce que nous avons vu en prison. » Pour la première fois, ils dénoncent collectivement le système pénitentiaire français.

VV : Il y avait au bas de cet appel les signatures de gens aussi divers que le préfet Bonnet, Bob Denard ou José Bové. Mais aussi celles d'anciens patrons, comme Loïc Le Floch-Prigent ou Jean-Jacques Prompsy. Ou des gens proches du milieu des affaires, comme Pierre Botton ou Christine Deviers-Joncour. Il ne manquait que Bernard Tapie. Tous tenaient à lancer une déclaration de solidarité avec les autres prisonniers. Une démarche que personne ne leur demandait. Et dont ils ne pouvaient rien attendre, sinon de se faire reprocher une nouvelle fois d'avoir bénéficié d'un traitement de faveur durant leur détention…

GM : Comme tu l'imagines, j'ai lu attentivement ce dossier du *Nouvel Obs*. Et j'ai apprécié cet appel pour trois raisons. Primo, les signataires n'ont pas contesté avoir eu un traitement sortant quelque peu de l'ordinaire en détention. Secundo, ils ont affirmé que les améliorations qu'ils avaient pu obtenir devaient devenir le lot commun de toute personne détenue. Tertio, ils ont affirmé une chose forte : au-delà des conditions de détention, c'est la condition même de la personne détenue qu'il faut interpeller.

VV : Ils se sont fait rembarrer alors que ce qu'ils ont vécu en prison était, au fond, rigoureusement semblable à ce qu'endure tout détenu : être privé de liberté. Certains sont allés jusqu'à leur nier tout droit à la parole. Il n'y a que des gens n'ayant pas connu un jour de captivité pour refuser de prendre en compte cette dimension.

GM : Pas seulement, puisque ces critiques sont venues aussi du fond des maisons centrales. Pourtant, comment blâmer ces VIP d'avoir pris la parole ? Ne leur aurait-on pas reproché de ne pas l'avoir fait, le cas échéant ? Il ne faut pas oublier qu'ils disaient la même chose que nous. Sauf que nous, on ne nous tendait pas un micro. Et même si on nous en tendait un, on ne nous entendait pas.

VV : Quoi que… J'ai souvenir, un soir d'octobre 2001 sur France 3, du regard effarée de Marylise Lebranchu, invitée du journal. On lui demandait de réagir en direct à une vidéo tournée clandestinement par les détenus d'une centrale… Ce jour-là, un garde des Sceaux n'a pu faire autrement que de les entendre.

GM : Ou du moins d'écouter ce qu'ils lui disaient. Je peux dire quelques mots de cette initiative, car je n'y suis pas totalement étranger. J'étais l'un des trois détenus. Nous portions une cagoule. Pour éviter que l'on nous reconnaisse, mais non par goût de la provocation ou culte de l'anonymat. Bien évidemment, nous ne cherchions pas à mettre cette dame en difficulté. Notre seul but consistait à prendre une parole qui nous était confisquée, dont nous étions dépossédés. Nous avons enregistré cette séquence au printemps 2001. Nous voulions qu'à côté de ton témoignage, le nôtre soit présent et porté sur la place publique. Et sa date de diffusion, au moment du vingtième anniversaire de l'abolition de la peine de mort, ne doit rien non plus au hasard.

VV : Comment avez-vous fait ? Cela paraît tellement incroyable !

GM : Secret de fabrication…

VV : En tout cas, je peux te dire que pas mal de gens ont dû, comme moi, rester bouche bée. Votre propos, ferme mais courtois – c'est tout toi, d'ailleurs –, a fait mouche.

GM : On peut en dire autant de l'initiative venue d'une autre centrale, celle de Clairvaux, en janvier 2006.

VV : Tout le monde se souvient, je pense, de cet appel lancé par dix prisonniers condamnés à vie à la prison. Leur texte commençait par ces mots : « Nous, les emmurés vivants à perpétuité du centre pénitentiaire le plus sécuritaire de France… »

GM : Exposés à l'allongement indéfini des peines, ils demandaient, plutôt qu'une « mort lente programmée », rien moins que de rétablir instamment pour eux « la peine de mort effective ». La teneur de cet appel traduit la désespérance qui ronge les très longues peines, de Clairvaux comme ailleurs.

VV : Elle a aussi donné l'occasion de mesurer l'épaisseur de la morgue du garde des Sceaux de l'époque, Pascal Clément. Certes, il y avait un côté provocateur dans cet appel au rétablissement de la peine de mort. Mais avec un minimum de sensibilité et d'intelligence, on le dépassait pour comprendre la profondeur du cri. Selon la presse, il a juste répondu : « Si on les prenait au mot, combien se présenteraient[1] ? »

GM : Cette attitude est gravée à jamais dans ma mémoire parce qu'elle révèle un homme injuriant la fonction qui est la sienne : ministre de la Justice.

Paroles de surveillants

Véronique Vasseur : Il ne faudrait pas donner le sentiment, après avoir évoqué ces initiatives diverses, que les détenus disposent d'un quelconque droit d'expression collective. Ils n'ont pas voix au chapitre en prison ; leur point de vue n'est jamais pris en compte, ni même recueilli d'ailleurs.

Gabriel Mouesca : Ne laissons effectivement aucun doute planer sur ce point. La loi pénitentiaire offrait pourtant l'occasion de respecter

1. In : *Le Nouvel Observateur*, 14 février 2006.

l'une des règles phares établies par le Conseil de l'Europe, celle qui prévoit que soit donnée aux personnes détenues la possibilité de discuter ensemble des questions relatives à leurs conditions de détention et d'en faire part aux autorités pénitentiaires.

VV : Cette occasion n'a pas été saisie. Et les détenus restent muselés aujourd'hui comme hier. Comme les surveillants du reste. Ce qui a aussi pour effet d'écarter toute perspective d'entendre s'instaurer un dialogue entre les uns et les autres.

GM : C'est même pire, à mon sens. On ne refuse pas seulement ce dialogue, on s'emploie à ce que la relation entre gardiens et gardés demeure enfermée dans une hostilité réciproque.

VV : Craindrait-on une sorte d'union sacrée ?

GM : D'évidence. On sait très bien que rien ne peut empêcher les détenus de prendre le contrôle d'une prison…

VV : Ce qu'ils ne font jamais sachant trop que cette possession serait de courte durée. Et la réaction à la mesure de l'affront qu'ils viendraient de faire à la pénitentiaire.

GM : Très juste. La pénitentiaire craint les mutineries mais sait qu'elles se produisent rarement… et sont éphémères. En revanche, elle redoute plus que tout un mouvement de revendications associant détenus et surveillants.

VV : On peut compter sur les syndicats majoritaires parmi les personnels pour renvoyer cette éventualité aux calendes grecques… Quand on les voit incapables de protester autrement qu'en bloquant les portes des prisons, autrement dit en prenant en otage les détenus pour gagner dans le rapport de force avec le ministère…

GM : Les journées d'action ont souvent pris cette forme assez cynique, il est vrai. Mais les mentalités évoluent. Doucement, sûrement. Lors du dernier mouvement d'ampleur des personnels de surveillance, en 2009, le blocage des parloirs n'a pas été décidé. Il faut saluer cette nouveauté. Qui témoigne, sans doute, de la prise de conscience que les intérêts peuvent se rejoindre ou, du moins, coïncider.

VV : Il en aura fallu du temps pour que, d'un côté et de l'autre, on comprenne les sorts intimement liés.

GM : Il est en effet clair, désormais, qu'un droit en plus pour les détenus n'est pas un droit en moins pour les surveillants.

VV : Et que le droit obtenu par les uns tire les autres vers le haut. Mais une question me tarabuste : pourquoi n'organisent-ils pas des journées portes ouvertes ?

GM : J'imagine que tu pèses tes mots...

VV : Il ne s'agit pas de laisser partir les détenus, bien sûr, mais, plutôt que d'empêcher toute entrée et toute sortie, les surveillants feraient mieux, ces jours-là, d'ouvrir en grand la prison aux journalistes et aux parlementaires. Pour montrer ce que sont les conditions de vie des détenus et, donc, leurs propres conditions de travail.

GM : Nul doute que cela arrivera un jour.

L'ANNÉE 2007

Nombre de détenus .
58 402 au 1er janvier 2007
61 076 au 31 décembre 2007
Nombre de places de prison :
50 588 au 1er janvier 2007
50 693 au 31 décembre 2007

Gardes des Sceaux : Pascal Clément (2 juin 2005-15 mai 2007) puis Rachida Dati (18 mai 2007-23 juin 2009).

Directeur de l'administration pénitentiaire : Claude d'Harcourt, préfet (6 janvier 2006-7 janvier 2010).

Le 16 janvier 2007, la réponse du candidat Nicolas Sarkozy aux états généraux de la condition pénitentiaire est rendue publique. « Depuis vingt-cinq ans, ce sont les gouvernements de droite qui ont le plus agi en faveur des prisons [...] Tout n'est pas réglé dans le système carcéral français, loin de là, mais progressivement la situation s'améliore et les propos définitifs parfois tenus au sujet de nos prisons sont autant d'injustices envers les surveillants de prison qui accomplissent jour après jour leur mission dans le respect de la loi et des personnes. Des organismes comme l'Observatoire international des prisons jouent à cet égard un rôle déterminant pour mobiliser l'opinion publique et inciter les gouvernements à agir. Leur action n'a pas été inutile. [...] Je me suis clairement engagé à ce que la dignité de la condition carcérale soit une priorité de notre action. Être condamné à une peine de prison, ce n'est pas être condamné à être maltraité par d'autres détenus, à ne plus avoir de contacts avec sa famille, à vivre dans une cellule surpeuplée, à se sentir acculé au suicide. »

Les prisons françaises comptaient 64 971 détenus en juin 2011. Record historique. L'effectif des détenus en surnombre – par rapport à la capacité d'accueil du parc carcéral en places opérationnelles – culmine à 10 383 en 2008 et 10 255 en 2009. En juillet 2010, l'administration pénitentiaire décrit la situation : « À l'heure actuelle, 40 % des personnes détenues occupent seules une cellule dite “cellule individuelle”. » En mars 2011, les directeurs de prison décident de s'exprimer publiquement : « Lorsqu'on leur demande de noter eux-mêmes les conditions de détention des détenus (en considérant l'hébergement et les installations sanitaires), la moyenne est de tout juste 4,5/10 », révèle une enquête réalisée par le Syndicat national des cadres pénitentiaires. Plus d'un tiers d'entre eux accordent une note inférieure à 4 sur 10 à leur établissement. Et, de fait, se succèdent désormais des condamnations de l'État par les juridictions administratives pour avoir imposé des « conditions de détention n'assurant pas le respect de la dignité inhérente à la personne humaine ».

Dans ce contexte, les tensions se multiplient ainsi que les violences. Le nombre d'agressions entre codétenus connaît une hausse continue : 7 516 en 2008, 7 590 en 2009, 7 825 en 2010 et 4 080 sur le premier semestre 2011. Mais cette violence est aussi retournée contre soi. Le nombre des suicides est ainsi en forte hausse : 93 en 2006, 96 en 2007, 115 en 2008, 122 en 2009, 121 en 2010.

La spirale répressive dans laquelle Nicolas Sarkozy a engagé la politique pénale a engorgé comme jamais les prisons. Dans une cellule d'une dizaine de m² partagée à deux, trois ou quatre détenus, il ne reste que peu de place pour le respect de la dignité de la personne.

Le populisme pénal

Véronique Vasseur : L'un des principaux enseignements des états généraux de la condition pénitentiaire aura été de rendre visible une conviction partagée aussi bien par les avocats, que par les magistrats et les personnels pénitentiaires : la plupart des personnes aujourd'hui détenues ne devraient pas être envoyées en prison.

Gabriel Mouesca : Cette approche de la peine d'emprisonnement comme sanction de dernier recours n'a pas vraiment été consacrée avec le quinquennat de Sarkozy…

VV : Jolie litote. En même temps, ce n'est pas précisément dans ce domaine qu'il avait promis une rupture.

GM : Et, de fait, pour continuer sur le même registre, il n'entrait dans ses intentions ni de limiter l'usage de la prison ni de limiter la durée des peines infligées. Il est clair qu'il n'aura nullement déçu ses partisans sur ce point.

VV : Pourtant, cet homme est intelligent et lucide. Il est entré en politique au milieu des années 1970, au moment même où le discours sur l'insécurité et la politique pénale qui l'accompagne se sont imposés. Et il sait très bien que le durcissement infini des peines n'a rien changé et ne changera rien.

GM : On dirait presque que tu attendais de lui qu'il vire sa cuti ?

VV : En tout cas, je pense qu'un jour un personnage comme lui – et pourquoi pas lui, qui a incarné et incarne plus que quiconque le tout carcéral ? – aura l'honnêteté d'admettre qu'il est allé trop loin, s'est trompé, que la prison ne marche pas. Ou, au moins, que l'on doit en faire un usage de plus en plus restreint. Alors, on obtiendra une chance de voir les choses avancer dans le bon sens. Là, nous demeurons dans le non-sens.

GM : Je ne veux pas tuer cet espoir, mais je ne suis pas certain que, sur ce sujet, ce monsieur rejoindra Robert Badinter au Panthéon des responsables politiques ayant eu le courage d'assumer les conséquences d'un discours de vérité.

VV : Ce n'est pas à toi que je dois démontrer combien la prison est une utopie…

GM : Non. Certes pas. Mais depuis le temps qu'on la présente comme la solution miracle à la délinquance, avec l'échec que l'on sait, la prise de conscience de Sarkozy que tu appelles de tes vœux aurait pu, et dû, être celle de nombre de nos concitoyens. Or je n'ai rien vu de tel se produire. Et je ne vois rien non plus de tel se profiler.

VV : Je crois que l'opinion finira, à un moment, par nous entendre. Et si elle ne nous entend pas nous, elle ne pourra être perpétuellement insensible aux victimes qui commencent à réclamer des comptes au système carcéral.

GM : Effectivement. J'observe que certaines victimes ayant eu à subir la perte d'un être cher se préoccupent de savoir ce qui se passe durant les dix ou vingt ans où le condamné est entre les mains de l'administration pénitentiaire… Et pas seulement les personnes qui n'ont jamais cédé aux sentiments nourris par le désir de vengeance. J'en vois aussi d'autres, elles dans cet état d'esprit, revenir et interpeller les institutions.

VV : Le discours que développent actuellement les politiques autour des victimes me dérange. Il est très ambigu. En les renvoyant en permanence à leur douleur initiale, il les maintient dans leur état de souffrance. En fait, il les enferme dans un statut de victime. Or une victime a besoin de se projeter dans l'avenir, pas de se voir éternellement ramenée à ce qui s'est passé et doit être dépassé. Sinon, on devient dingue. Où on se mure dans la haine.

GM : Il y a quelque chose de très paradoxal : ceux qui tiennent ce discours sont, en général, les mêmes qui ne cessent de demander à l'auteur des actes d'évoluer, de changer.

VV : Je trouve indécente cette manipulation des victimes, à la finalité évidente. D'abord, les instrumentaliser. Puis jouer avec la compassion que n'importe qui peut avoir à leur égard… Le tout pour justifier un nouveau tour de vis dans la répression pénale.

GM : Notamment à l'encontre de ceux que l'on présente comme des monstres et des prédateurs… et que l'on maintient enfermés en fin de peine.

La rétention de sûreté

Véronique Vasseur : Comme toi et comme tant d'autres, j'ai été horrifiée de voir apparaître ce vocabulaire.

Gabriel Mouesca : Ce choix de mots n'a rien du hasard. Avec eux on sort de l'humain.

VV : Avec « monstre » on bascule dans l'inhumain, en effet ; avec « prédateur » dans le non-humain. Dans les deux cas, on dépossède les personnes visées de toute parcelle d'humanité. Certains juristes parlent même d'une « déshumanisation du droit pénal ».

GM : Et, bien évidemment, une fois ces personnes écartées de la communauté des hommes, rien de plus facile que d'obtenir carte blanchc pour ne plus les traiter comme tels, pour les traiter hors normes.

VV : Les personnes dont il s'agit, chacun l'aura compris, sont les criminels sexuels. On s'est servi de l'émotion suscitée par leurs crimes les plus épouvantables afin d'installer une culture de la peur.

GM : Effectivement. C'est à leur encontre qu'à partir de 2007 le législateur a multiplié les mécanismes de surveillance, de contrôle ou de contrainte mis en œuvre après l'expiration de leur peine.

VV : Après l'expiration de leur peine… autant dire que le gouvernement a reconnu ne se faire aucune illusion sur ce qu'il faut attendre de positif des longues années que ces personnes passeront derrière les murs. Quel aveu d'échec terrible pour la prison.

GM : On peut en déduire cela, en effet. Et c'est un échec qui n'est pas seulement admis comme une fatalité pour les criminels sexuels, chaque loi votée depuis 2007 ayant été l'occasion d'élargir le champ et la portée de ces mesures de sûreté.

VV : On n'est donc plus dans la mise en place d'un droit d'exception pour seulement « 32 détenus libérables d'ici 2010 », comme l'avait annoncé Nicolas Sarkozy en février 2008, lors de la discussion sur la loi ayant créé les « centres socio-médico-judiciaires de sûreté ».

GM : Loin s'en faut. Ces dispositifs concernent désormais plus de 12 000 personnes. Toutes celles condamnées à une peine égale ou supérieure à cinq ans, pour un crime ou un délit commis en état de récidive légale.

VV : Insensé. Au lieu de se demander ce qu'il faut changer de la prison pour ne rien avoir à craindre de la libération de ces condamnés, on fait l'autruche. Et on s'arroge le droit de les garder sous la main pendant encore un an, ou deux, ou trois.

GM : Voire jusqu'à leur mort, puisque le placement en centre de rétention de sûreté pourra être renouvelé sans limites d'année en année. On en arrive donc à pouvoir prolonger indéfiniment des peines pourtant purgées.

VV : Et cela sans que ces personnes n'aient commis la moindre nouvelle infraction, ne soient coupables d'aucun nouveau crime ni nouveau délit.

GM : Cela revient à voir dans chacun de ces condamnés un récidiviste potentiel. Au nom de la menace virtuelle que ferait courir la libération de cet homme « dangereux », on l'enferme préventivement.

VV : La boucle est bouclée : on est passé des mots aux actes. Et je trouve fort inquiétant de perpétuer la grave illusion du risque zéro. Tolérance zéro. Risque zéro. Dès lors que l'on met le doigt dans ces logiques, tout y passe. Le bras, et puis finalement tout le corps.

GM : La même logique a été mise en œuvre avec l'instauration des « peines plancher ».

Les « peines plancher »

Gabriel Mouesca : Il s'agissait, pour le gouvernement fraîchement installé après l'élection de Sarkozy, de s'attaquer rapidement aux petits délinquants et d'obtenir que soient prononcées envers les récidivistes des peines plus sévères.

Véronique Vasseur : La loi du 10 août 2007 symbolise ce qu'il ne faut pas faire : en à peine deux mois – un pour la rédiger, un pour la faire adopter par le Parlement –, elle instaure des peines minimales destinées à toutes les infractions punies d'au moins trois ans de prison commises en récidive. Pour nombre d'hommes politiques de droite comme de gauche, punir toujours plus sévèrement représente une manifestation de force. Personnellement, j'y vois davantage un signe de faiblesse.

GM : L'attitude révèle aussi l'absence de volonté politique visant à favoriser et développer les dispositifs de solidarité et de soutien. On peut continuer à taper plus fort sur la tête de ceux qui cumulent les échecs et butent sur tous les obstacles, mais ce n'est pas ce qui leur permettra de reprendre une place dans la société.

VV : Je me dis, en tant que médecin, qu'il est quand même curieux de voir la logique à l'œuvre. Dans le monde médical, une personne qui rechute, on la soigne. On prend cet aléa comme un échec et tout le monde se mobilise autour du patient. À celui qui rechute en matière pénale, on ne trouve rien de mieux que d'enfoncer un peu plus la tête sous l'eau. C'est comme si on persistait à administrer à un patient un médicament qui n'a pas marché sur lui. Dans ce cas, on change de traitement ; en pénal, on lui inflige double dose…

GM : D'évidence, si la prison était un tant soit peu efficace comme traitement, ça se saurait. Il y aurait de moins en moins de délinquants depuis bien longtemps. Or, ce n'est pas exactement ce que nous enseignent les courbes de la criminalité.

L'ANNÉE 2008

Nombre de détenus :
61 076 au 1er janvier 2008
62 252 au 31 décembre 2008
Nombre de places de prison :
50 693 au 1er janvier 2008
51 997 au 31 décembre 2008

Garde des Sceaux : Rachida Dati (18 mai 2007-23 juin 2009).

Directeur de l'administration pénitentiaire : Claude d'Harcourt, préfet (6 janvier 2006-7 janvier 2010).

« J'encourage les contrôleurs à se comporter comme des ethnologues, à être descriptifs et froids », mais aussi « à ouvrir grand les yeux et les oreilles et saisir l'impalpable ». C'est en ces termes que le conseiller d'État Jean-Marie Delarue décrit son travail, celui de contrôleur général des lieux de privation de liberté (CGLPL), poste auquel il a été nommé en juin 2008.

Depuis cette date, les prisons françaises sont sous haute surveillance. À la vigilance citoyenne exercée jusque-là essentiellement par l'OIP, s'ajoute désormais la mission officielle et institutionnelle du CGLPL : « Veiller à ce que les personnes privées de liberté soient traitées avec humanité et dans le respect de la dignité inhérente à la personne humaine. » Avec des prérogatives fortes. Cet organisme peut entrer à n'importe quel moment dans n'importe lequel des 200 lieux où le « service public pénitentiaire » organise la détention des 85 000 personnes que les tribunaux lui confient chaque année. Et une idée-force aussi, issue de ses trois premières années d'activités : « On a tout sacrifié à la sécurité dans les prisons, on a oublié le reste », et notamment « les nécessaires relations humaines qui doivent exister ».

Jean-Marie Delarue sait que le temps dont il dispose pour changer la condition pénitentiaire est compté. En juin 2014, quand s'achèvera son mandat, il ne pourra être reconduit dans ses fonctions. Et l'institution qu'il dirige sera peut-être absorbée par le Défenseur des droits. Raison pour laquelle il entend aller à l'essentiel. Autrement dit, pacifier le quotidien en prison.

Cela passe par reconnaître à la « France captive » la possibilité de s'exprimer sur ses conditions de détention. Les détenus doivent avoir le droit d'expression individuelle et collective. Les personnels pénitentiaires doivent entamer un dialogue avec la population incarcérée. Pour le contrôleur général, « il s'agit certes d'une petite révolution, mais de nombreux pays d'Europe ont déjà franchi le pas ».

Le contrôleur général des lieux de privation de liberté

Gabriel Mouesca : Le vote de la loi instituant le contrôleur général des lieux de privation de liberté, en 2007, et la nomination de Jean-Marie Delarue à ce poste, en 2008, ont profondément modifié la donne du paysage carcéral.

Véronique Vasseur : Pourtant, beaucoup de personnes redoutaient l'apparition d'un tel dispositif officiel. On a trop connu d'officines de ce genre s'avérant n'être que de vrais-faux contre-pouvoirs…

GM : … et qui décernent un satisfecit permanent aux institutions qu'elles sont censées contrôler. Rien de cela avec Jean-Marie Delarue !

VV : Clairement. Son entrée en scène a même permis de franchir une étape supplémentaire dans le débat public sur la prison. Grâce à lui, nous sommes sortis d'une impasse où il y avait d'un côté l'OIP, qui utilise bruyamment les médias, et de l'autre la pénitentiaire qui fait le gros dos en attendant que la presse lâche l'affaire.

GM : Je te trouve un peu injuste avec l'OIP. D'abord, pour dialoguer il faut être deux... Or, comme tu le dis toi-même, cette administration a longtemps joué la politique de la chaise vide. Par ailleurs, heureusement que l'OIP existait quand la pénitentiaire a fini par comprendre que son attitude lui était préjudiciable et s'est engagée dans une stratégie de communication où le déni et la langue de bois étaient institutionnalisés.

VV : Comprends-moi bien : je pense que l'Observatoire se trouvait tout à fait dans son rôle en alertant l'opinion sur le désastre carcéral et en interpellant le Parlement sur sa responsabilité en la matière. Il est clair que cette pression a obligé la pénitentiaire à sortir de son silence.

GM : Oui. Comme en son temps ton bouquin.

VV : Exactement. Et il est aussi évident pour moi que l'OIP a encore joué son rôle en marquant à la culotte cette administration quand celle-ci s'est mise à nier la réalité dénoncée ou à tenter de se réfugier derrière des écrans de fumée. Ce que je voulais dire, c'est que l'arrivée de Delarue a contraint la pénitentiaire à rendre des comptes. Et ça change tout.

GM : Alors, nous sommes d'accord. Il est vrai que la pénitentiaire ne peut plus, désormais, adopter les attitudes d'antan.

VV : Elle sait qu'il n'y aura plus seulement l'OIP pour lui tomber sur le poil, mais aussi le contrôleur général.

GM : Ce que l'un et l'autre ne manquent d'ailleurs pas de faire. Chacun à sa façon.

VV : Jean-Marie Delarue y met sans aucun doute plus de formes… mais, sur le fond, je ne vois pas de différences. Ce qu'il dit, aujourd'hui, de la situation derrière les murs s'inscrit dans la suite logique de ce que nous avons clamé les uns et les autres depuis quinze ans. Et je dois admettre que cela fait plaisir de voir le relais enfin pris.

GM : Et bien pris… En prenant soin de recueillir le point de vue des détenus et des surveillants, Delarue s'inscrit aussi dans la lignée des états généraux de la condition pénitentiaire.

VV : C'est en ce sens que je dis que ça change tout. La pénitentiaire pouvait nous regarder de haut, mais ne pourra continuellement faire la sourde oreille à ses recommandations.

GM : Je ne me fais guère d'illusion sur ce point. Mais ce qui est certain, c'est que les pouvoirs publics, quant à eux, ne pourront éternellement rester de marbre.

VV : Et on peut faire confiance à Delarue pour ne rien lâcher. Du moins tant qu'il sera là. Car j'ai bien peur que la fin de son mandat, en juin 2014, ne signifie aussi la fin du contrôle général.

Le Défenseur des droits

Gabriel Mouesca : On peut effectivement craindre que Jean-Marie Delarue soit le premier et dernier contrôleur général.

Véronique Vasseur : C'est le risque. La tentation sera grande, pour n'importe quel gouvernement, de lui faire subir le sort que vient de connaître la Commission nationale de déontologie de la sécurité.

GM : C'est-à-dire le supprimer au prétexte que sa mission sera désormais assumée par le nouveau dispositif du Défenseur des droits…

VV : Oui. Cette perspective n'est pas cachée. Elle était même clairement exprimée dans le rapport du Comité Balladur de 2008 ayant proposé de créer cette nouvelle instance.

GM : Effectivement, l'encre de la loi qui a créé le contrôleur général des lieux de privation de liberté n'était pas encore sèche et Jean-Marie Delarue pas même nommé, que l'on songeait déjà à s'en débarrasser. Il a fallu dix ans pour que cette autorité voie enfin le jour, mais quelques semaines pour que soit envisagée sa disparition future…

VV : Je suis très sceptique sur le mandat donné à ce Défenseur. On lui demande d'être tout à la fois dans un rôle de médiation et dans une fonction de contrôle. Or je ne vois pas comment une institution influerait sur ces deux registres en même temps.

GM : C'est impossible. On ne peut être chargé d'intervenir pour régler un dysfonctionnement local ou un litige individuel, et par ailleurs avoir pour tâche d'évaluer jour après jour le fonctionnement quotidien d'une institution. Il s'agit de deux missions qui doivent être distinguées l'une de l'autre.

VV : Sinon, l'une prendra le pas sur l'autre. Ce qui serait dramatique, car les deux sont utiles et nécessaires.

GM : On a réussi à éviter ce funeste scénario en 2006. À l'époque, il était question d'élargir les prérogatives du Médiateur de la République, qui serait devenu également contrôleur général. L'élection de Sarkozy et son engagement pour la création d'une instance de contrôle à part entière auprès des états généraux ont, heureusement, fermé cette porte.

VV : Le président a tenu parole sur ce point. On serait bien inspiré d'obtenir le renouvellement de son engagement à l'occasion de la campagne de 2012.

GM : D'autant que l'administration pénitentiaire ne militera pas, quant à elle, pour le maintien du contrôleur général…

VV : À coup sûr. Il n'y a qu'à se rappeler sa réaction en entendant la première recommandation publique de Jean-Marie Delarue, lorsqu'il a critiqué leur prison soi-disant modèle de Villefranche-sur-Saône.

GM : Le 24 décembre 2008. Joli cadeau pour le soir de Noël…

VV : En effet, il a tapé directement dans le dur… Regardant de près en quoi consistait le fameux « parcours d'exécution de peine » censé révolutionner la façon de prendre en charge les détenus, son rapport de visite a claqué comme une gifle.

GM : Il faut dire qu'il a qualifié de « pure et simple ségrégation » la classification des détenus selon leur supposée dangerosité. Ce qui a, bien évidemment, déclenché l'ire de la pénitentiaire.

VV : Oui. Et de bas en haut de la hiérarchie, ses membres nous ont entonné leur complainte habituelle, celle de l'institution que personne ne comprend. Des vrais Caliméro.

GM : Et j'ajouterai : ils se prennent pour qui ? Car ils ont saisi la première occasion pour se plaindre auprès du Premier ministre d'être ainsi maltraités… « Nous attendons un contrôle nouveau, autre qu'un contrôle sanction », ont-ils déclaré à François Fillon en janvier 2009 lors de l'inauguration de la nouvelle prison de Roanne.

VV : Hallucinant. En fait, ils veulent un contrôle « maison » ! Il a fallu dix ans pour qu'un gouvernement arrive à leur imposer un contrôle extérieur et ils ont maintenant la prétention de définir quel type de contrôle ils acceptent…

GM : Je les crois incapables d'entendre la moindre critique. D'où qu'elle vienne. Pas plus celle du contrôleur général que celle de l'OIP.

VV : Mais quand finiront-ils par admettre que ce n'est par hasard si tout le monde leur dit la même chose ? Il y a eu la Cour des comptes, le Conseil économique et social, le Comité d'éthique, la Commission nationale consultative des Droits de l'homme…

GM : On peut compléter le tableau avecles instances du Conseil de l'Europe, qu'il s'agisse du commissaire européen aux Droits de l'homme, du Comité de prévention de la torture ou de la Cour européenne des Droits de l'homme.

VV : Que leur faut-il d'autre pour entendre raison ?

GM : La pénitentiaire ne veut rien entendre, c'est certain. Mais le problème est plus grave à mon sens : cette administration est persuadée savoir mieux que quiconque ce qu'il faut faire. Ou ne pas faire.

VV : On en a eu la brillante démonstration tout au long du processus d'élaboration et de discussion du projet de loi pénitentiaire…

L'ANNÉE 2009

Nombre de détenus :
62 252 au 1er janvier 2009
60 978 au 31 décembre 2009
Nombre de places de prison :
51 997 au 1er janvier 2009
54 988 au 31 décembre 2009

Gardes des Sceaux : Rachida Dati (18 mai 2007-23 juin 2009) puis Michèle Alliot-Marie (23 juin 2009-13 novembre 2010).

Secrétaire d'État à la Justice : Jean-Marie Bockel (23 juin 2009-13 novembre 2010).

Directeur de l'administration pénitentiaire : Claude d'Harcourt, préfet (6 janvier 2006-7 janvier 2010).

17 septembre 2009. Au soir du troisième et dernier jour d'examen à l'Assemblée nationale du projet de loi pénitentiaire, l'un des principaux protagonistes, le député PS Jean-Jacques Urvoas, témoigne : « Le rythme est dense mais le débat sans véritable passion. Le gouvernement et le rapporteur sont inflexibles et rejettent tous nos amendements les uns après les autres. Aucun argument ne semble de nature à les faire douter. Ils ne cessent de nous répéter que ce texte est une "avancée considérable", qu'à bien des égards, il peut être considéré comme "fondateur". Las, nous n'y lisons que la consécration de l'existant avec toujours autant de "droits" proclamés et immédiatement soumis à des restrictions. En fait, c'est un peu comme si le gouvernement réécrivait ainsi le 1er article de la déclaration des Droits de l'homme : "Les hommes naissent libres et égaux en droits, sauf

impératif motivé." » Et de conclure : « L'arbitraire en détention n'est pas prêt de s'arrêter. »

Était-ce là l'objectif du gouvernement ? « Il est temps qu'une loi fondamentale reflétant la prison d'aujourd'hui soit débattue car notre société, et en premier lieu le parlement, doit connaître et assumer ses prisons », avait-il pourtant prévenu. Il ne s'agissait donc pas, pour lui, d'inventer la prison de demain mais de consacrer la prison d'aujourd'hui. Voire de restaurer celle d'hier.

L'illusion d'une loi pénitentiaire emportant l'adhésion de tous les acteurs du monde de la prison et reflétant un large consensus politique s'est évanouie. Reste la réalité crue. Une réforme aux antipodes des constats du contrôleur général des lieux de privation de liberté, et à rebours des préconisations du Conseil de l'Europe. Où les impératifs de l'État de droit et les exigences des Droits de l'homme ont cédé face aux us et coutumes d'une institution qui appréhendait plus que tout que son territoire soit rendu à l'espace de la loi commune.

Main basse sur la loi pénitentiaire

Véronique Vasseur : Le 11 juillet 2007, le chantier d'élaboration de la loi pénitentiaire est lancé en grande pompe par Rachida Dati. Je dis en grande pompe, car la garde des Sceaux nous sort tambours et trompettes. « La réforme de la politique pénitentiaire est un engagement du président de la République », « l'une des grandes ambitions du gouvernement », dit-elle, ajoutant que ce « grand rendez-vous de la France avec ses prisons » se fera « dans le souci de la condition des détenus »...

Gabriel Mouesca : Mais un an se passe avant que le Conseil des ministres, le 23 juillet 2008, n'adopte le texte. Et il n'est pas inutile de s'attarder un peu sur cette période. Elle commence avec la création d'un « Comité d'orientation restreint » (COR) chargé de jeter les bases d'un avant-projet de loi.

VV : C'est la première étape d'une technique désormais bien rodée dans le domaine pénitentiaire. On propose à quelques responsables d'associations et de syndicats de faire partie de ce comité Théodule. Et, bien évidemment, ils accourent, honorés d'être adoubés comme « personnalités qualifiées ».

GM : Il ne faut pas mettre tout le monde dans le même sac, Véronique. Certains ont accepté persuadés qu'il s'agissait du seul moyen de limiter les dégâts…

VV : Sans doute, mais on sait aussi très bien que les rapports élaborés dans ce genre de commission n'engagent en rien celui qui les commandite. Et surtout pas la pénitentiaire. Une fois qu'on a donné à chacun l'illusion d'avoir écrit la loi, on a renvoyé ce petit monde chez lui en le remerciant chaleureusement.

GM : Et en lui disant : « On s'occupe de la suite. »

VV : La manœuvre marche à tous les coups…

GM : C'est vraiment s'adonner à une manipulation éhontée des compétences des acteurs du monde carcéral. Et ce alors qu'il y avait beaucoup à entendre de leur connaissance du terrain.

VV : Mais certainement pas dans ce cadre, car est venue ensuite la seconde étape du tour de passe-passe : déposer le rapport tout juste rédigé en haut de la pile, où il recouvre opportunément ceux dont on veut s'affranchir…

GM : Autrement dit, les préconisations des commissions d'enquête parlementaires, du groupe de travail animé par Guy Canivet et de la Commission nationale consultative des Droits de l'homme (CNCDH).

VV : Le but de la manœuvre était simple : faire table rase de tout ce qui avait pu être proposé auparavant, histoire d'avoir les mains libres.

GM : Commencent alors les choses sérieuses…

VV : Oui. Car à ce moment, la direction de l'administration pénitentiaire (DAP) sort de son chapeau le véritable avant-projet et débute la discussion avec les seuls dont l'avis lui importe, à savoir les syndicats de surveillants.

GM : Avec, à la clé, une négociation à huis clos entre « pénitentiaires » sur les nouveaux droits qu'il convenait – ou pas – de concéder aux détenus…

VV : Oui. C'est ahurissant. Surtout par comparaison avec ce qui se passe à l'école ou l'hôpital, où la parole des usagers est la première prise en compte. Mais cette institution fonctionne ainsi.

Et il suffit de prendre un exemple pour illustrer le processus que l'on vient de décrire.

GM : La réduction de la durée maximale de placement au quartier disciplinaire me semble le plus éclairant. Depuis son étude sur « les Droits de l'homme dans la prison », en 2004, la CNCDH demande la suppression pure et simple du mitard. Elle préconise de lui substituer le confinement en cellule, qui n'a pas le même impact mortifère.

VV : Cette recommandation de la CNCDH a toujours été ignorée par l'institution. Et, bien évidemment, on n'en trouve nulle trace dans le document de travail que la DAP remet au Comité d'action restreint, le COR, en septembre 2007…

GM : Néanmoins, dans ses hypothèses, elle se déclare prête à ramener de quarante-cinq à trente jours le quantum maximum.

VV : En précisant qu'une telle décision ne peut être prise « qu'après une réflexion partagée avec les organisations représentant les personnels »…

GM : En novembre 2007, le rapport du COR propose de fixer le maximum à vingt et un jours.

VV : Et, en février 2008, on découvre le résultat de la négociation : la durée maximale de placement au quartier disciplinaire sera bien de vingt et un jours, mais pourra être portée à quarante en cas de violence contre les personnels.

GM : Soit ce qui figurera dans le projet de loi adopté par le Conseil des ministres en juillet.

VV : Avec un bémol, néanmoins. Les violences contre les personnels ne seront plus les seules passibles de quarante jours de mitard, mais toute violence à l'égard d'autrui, donc, incluses celles entre détenus.

GM : Personne n'aurait compris qu'on fasse une telle distinction…

VV : En tout état de cause, sur cette base débute la discussion au parlement.

GM : Nous devons ici souligner le rôle joué par le Sénat. C'est à son initiative que les choses ne vont pas totalement rester en l'état.

VV : Elles ne vont guère changer en vérité… Les sénateurs obtiennent que la durée maximale passe de vingt et un à vingt jours. Si j'ai bonne mémoire, ce que proposait leur commission d'enquête en 2000, et ce qu'ils avaient voté en 2001…

GM : Là encore, nul n'aurait compris qu'ils se déjugent sur ce point.

VV : Pour autant, ils n'ont pas remis en cause le principe d'une durée plus longue en cas de violence.

GM : C'est vrai, mais ils la limitent à trente jours au lieu des quarante espérés par la pénitentiaire et ses syndicats. Ajoutons, pour conclure, que l'Assemblée nationale n'a en rien modifié les retouches du Sénat, donc que le texte validé par la Haute Assemblée sera le dispositif adopté par le Parlement le 24 novembre 2009.

VV : Allons jusqu'au bout de cette chronique en mentionnant la résistance de l'administration pénitentiaire à l'application de cette baisse du quantum.

GM : Exact. La loi est même restée lettre morte un certain temps…

VV : Pas moins de huit mois ! C'est seulement dans une note du 28 juillet 2010 que l'administration pénitentiaire « invite ses services » – c'est le terme exact – à mettre en œuvre ce qu'a voté le parlement.

GM : Il aura fallu que l'OIP obtienne deux décisions du tribunal administratif de Lille, le 13 juillet, pour que la pénitentiaire se décide à rédiger cette note.

VV : Là encore, c'est proprement hallucinant. Surtout quand on sait que, quelques mois auparavant, en mai, le Conseil d'État avait rappelé à cette administration qu'une loi est réputée entrer en vigueur le lendemain de sa publication au *Journal officiel*...

GM : Sans succès.

VV : *No comment.* On le constate en tout cas : peu des dispositions de la loi pénitentiaire ont échappé à ce genre de processus.

GM : Ce qui explique, à mon sens, pourquoi elle a tant déçu. Et pourquoi elle reste dans les mémoires comme une loi sur mesure, faite par et pour l'administration pénitentiaire.

La droite, la gauche et la prison

Véronique Vasseur : Tu évoquais à l'instant le rôle du rapporteur du projet de loi pénitentiaire au Sénat, le sénateur UMP Jean-René Lecerf. Je crois important de savoir sur qui l'on peut un tant soit peu compter pour faire évoluer la condition carcérale.

Gabriel Mouesca : Il ne fut pas le seul à essayer de peser dans les débats de ce côté de l'hémicycle. Deux autres sénateurs UMP ont été déterminants, Nicolas About et Hugues Portelli. Sans parler de Jean-Jacques Hyest, le président de la commission des lois. Il convenait aussi de citer le cas, unique à l'Assemblée, du député Étienne Pinte. Et, plus largement, le rôle de personnalités comme Christine Boutin ou Pierre Botton.

VV : Cela ne fait pas grand monde en vérité. Et ils ne sont guère plus nombreux à gauche…

GM : Je te l'accorde. Quelques sénateurs PS s'inscrivent cependant dans la lignée de Robert Badinter. Je pense notamment à celui ayant mené, à ses côtés, la bataille sur cette loi pénitentiaire, Alain Anziani. Ou à l'écologiste Alima Boumediene-Thiery. Ou encore à la communiste Nicole Borvo Cohen-Seat. À l'Assemblée, quelques-uns se sont révélés d'ardents défenseurs de la condition des détenus. Je pense à Noël Mamère et, surtout, au député socialiste Jean-Jacques Urvoas.

VV : Il s'est particulièrement illustré tout au long du processus d'examen de la loi pénitentiaire.

GM : Tu as raison. La gauche doit à Urvoas de s'être clairement et fermement positionnée sur certains points cruciaux. Je pense à l'abolition du quartier disciplinaire comme à celle de la fouille intégrale. Je pense aussi à son opposition farouche à la perspective de classification des détenus selon leur supposée dangerosité, et à son corollaire, la mise en œuvre de régimes de détention différenciés, qui consacrerait un système où certains détenus auraient encore moins de droits que d'autres.

VV : Voici le seul bénéfice à tirer de cette sinistre farce qu'aura été la loi pénitentiaire. On avait jusqu'alors une droite et une gauche se ressemblant comme deux gouttes d'eau sur la question des droits des détenus et du fonctionnement de la prison ; ce qui laissait tout loisir à l'administration pénitentiaire de manipuler tranquillement et impunément tout le monde, dans l'indifférence générale.

GM : Il faut espérer que cette nouvelle approche de la politique pénitentiaire s'enracine au sein de la gauche. Et que le contexte électoral de 2012 ne devienne pas l'occasion d'un énième revirement.

VV : On peut le craindre, mais on peut aussi penser que le consensus issu des commissions d'enquête parlementaires de 2000 n'était pas de façade. Que les retournements de veste spectaculaires auxquels nous avons assisté ne masquent pas l'évolution des mentalités qui s'est alors engagée. Certes, elle est lente, mais elle ne s'arrêtera pas. Nombre de parlementaires, y compris parmi la droite, ouvrent les yeux sur le monde de la prison et sur l'État dans l'État que constitue l'administration pénitentiaire. Beaucoup de ceux qui avaient décidé, bon gré mal gré, de lui faire confiance ont le sentiment, aujourd'hui, de s'être fait berner.

GM : J'aimerais partager ton optimisme. Certes, je suis convaincu que l'on va rapidement se rendre compte que la loi pénitentiaire n'était, finalement, qu'une victoire à la Pyrrhus pour l'administration pénitentiaire. D'abord parce que personne n'est dupe – notamment parmi les acteurs du monde carcéral – de la façon dont cette administration a fait main basse sur la réforme attendue et promise. Ensuite parce que la prison est plus que jamais suivie des yeux par la classe politique, et qu'on peut supposer que ce regard ne se détournera pas aussi promptement qu'hier. Mais tu mesures aussi, comme moi, le poids des préjugés qui persistent sur les détenus, comme l'espoir un peu irrationnel placé dans cette institution. Le chemin que l'opinion a, encore, à parcourir est long.

VV : L'action de Jean-Marie Delarue consiste précisément à déconstruire un à un les préjugés dont tu parles et à dissiper peu à peu le mirage carcéral. Par ailleurs, l'influence des instances du Conseil de l'Europe et des Nations unies se fait de plus en plus sentir. Leurs rapports critiques s'accumulent, leurs recommandations sont très précises. La France ne pourra rester éternellement insensible à la pression de ces gardiens du feu.

L'ANNÉE 2010

Nombre de détenus :
60 978 au 1er janvier 2010
60 544 au 31 décembre 2010
Nombre de places de prison :
54 988 au 1er janvier 2010
56 358 au 31 décembre 2010

Gardes des Sceaux : Michèle Alliot-Marie (23 juin 2009-13 novembre 2010) puis Michel Mercier (depuis le 14 novembre 2010).

Secrétaire d'État à la Justice : Jean-Marie Bockel (23 juin 2009-13 novembre 2010).

Directeurs de l'administration pénitentiaire : Claude d'Harcourt, préfet (6 janvier 2006-7 janvier 2010) puis Jean-Amédée Lathoud, magistrat (7 janvier 2010-15 juin 2011).

Henri Masse, préfet, a été nommé à ce poste le 15 juin 2011.

« Tout comme le droit à la vie refuse aujourd'hui la peine de mort, je pense que le droit à la liberté refusera un jour l'enfermement comme peine. » Le propos de Françoise Tulkens, l'un des juges de la Cour européenne des Droits de l'homme, résonne encore curieusement dans notre pays. C'est pourtant la philosophie du Conseil de l'Europe qui est ainsi exprimée.

Cette approche, la Cour de Strasbourg l'a initiée dans son arrêt du 28 juin 1984. « La justice ne saurait s'arrêter à la porte des prisons », dit-elle alors. Elle n'a cessé, depuis, d'inciter la France à repenser les conditions de vie, le statut et les droits des détenus. L'invitation s'est faite recommandation par le biais des Règles pénitentiaires européennes, avant de devenir injonction au travers de la vigilance obstinée du Comité de prévention de la torture et du commissaire européen aux Droits de l'homme.

Mais rien n'y fait. La France demeure sourde

au renversement de perspective prôné par l'Europe en matière de politique pénale et pénitentiaire. Notre pays est persuadé de savoir mieux que quiconque ce qu'il convient de faire. Résultat : en 2010, l'écart ne semble jamais avoir été aussi grand entre l'ensemble de normes produites par le Conseil de l'Europe et la réalité de notre système carcéral.

Le Comité de prévention de la torture

Gabriel Mouesca : Nombreuses sont les instancces du Conseil de l'Europe qui ont leur mot à dire sur la situation de nos prisons. Je précise, à toutes fins utiles, que si elles ont leur mot à dire, c'est parce que notre pays a ratifié les conventions ou les traités prévoyant leurs interventions.

VV : Prenons d'abord la plus connue de ces instances, en tout cas celle venue le plus régulièrement nous mettre des points sur les i et des barres sur les t : le Comité de prévention de la torture (CPT).

GM : La dernière visite du CPT s'est achevée le 10 décembre 2010, date anniversaire de la Déclaration universelle des Droits de l'homme. La symbolique n'échappera à personne…

VV : Il me semble, du reste, que le CPT se montre assez coutumier de ces clins d'œil. En

2003, sa visite avait débuté le 11 juin. Soit la veille de ce qui devait être un grand jour : la concrétisation de l'engagement, pris trois ans plus tôt par le parlement français, de garantir à tout détenu le droit de disposer d'une cellule individuelle. Il n'a pas été déçu…

GM : Effectivement, il y avait lors de sa visite 60 500 personnes entassées dans 48 000 places. La délégation du CPT a donc constaté de visu que l'on était loin, très loin, de respecter ce droit à l'encellulement individuel.

VV : C'est à cette occasion qu'il a épinglé la France sur les effets de la surpopulation.

GM : Oui, estimant de surcroît que l'ensemble des facteurs néfastes auxquels une personne détenue est soumise – dès lors qu'elle est incarcérée dans une prison surpeuplée – s'apparente à un traitement inhumain et dégradant.

VV : Il a décrit ce qui lui semblait inadmissible dans cette surpopulation ; à savoir la promiscuité permanente en cellule, bien sûr, mais aussi tout ce qu'elle engendre : l'accès au travail, aux activités ou aux soins qui devient encore plus difficile, la possibilité de visites ou de promenades qui se raréfie encore plus. Et les situations de tension et violence qui conduisent à une mécanique infernale.

GM : Le CPT est aussi l'instance qui, la première, a élevé la voix contre le sort réservé aux prisonniers placés à l'isolement par la pénitentiaire en France. C'était en 1991, dès sa première venue.

VV : Et, dès cette époque, il qualifie de traitement inhumain et dégradant le quotidien d'un isolé. Il faut dire qu'il y a de quoi…

GM : La personne détenue placée à l'isolement se trouve en cellule dans un quartier spécial, à l'écart du reste de la détention ; elle ne peut ni travailler aux ateliers, ni suivre une formation professionnelle, ni prendre part aux activités socioculturelles et sportives.

VV : Seul en cellule, mais aussi seul en promenade au nom du principe : ne jamais rencontrer un autre détenu. Par ailleurs, ses rares déplacements au sein de la prison se font sous escorte de plusieurs surveillants.

GM : Comme dans toute cellule, la fenêtre d'une cellule d'isolement est équipée de barreaux. Mais on y ajoute des grilles de métal déployé ou des carreaux opaques occultant la vue et gênant l'accès de l'air et de la lumière naturelle. Idem pour les cours de promenade ; elles sont archi sécurisées avec une triple protection : barreaudage, grilles de métal déployé et rouleaux de fils barbelés.

VV : Dans ces conditions, le champ de vision se réduit à l'extrême, au-delà du supportable. Les portes, les murs, les grillages provoquent un sentiment d'écrasement.

GM : Les quartiers d'isolement sont devenus, comme le dénonce le CPT, « le lieu de rejet de détenus difficiles à gérer, pour certains atteints de pathologies psychiatriques graves et chroniques » alors que les « conditions de l'isolement sont radicalement opposées à des conditions socio-thérapeutiques à visée de réintégration ».

VV : Pour la CNCDH, qui est allée jusqu'à parler de « surplace mortifiant », l'isolement a un nom : la « torture blanche ».

La Cour européenne des Droits de l'homme

Véronique Vasseur : On comprend pourquoi la Cour européenne des Droits de l'homme a demandé aux autorités françaises, en juillet 2006, de ne « recourir à cette mesure, qui représente une sorte d'emprisonnement dans la prison, qu'exceptionnellement et avec beaucoup de précautions ».

Gabriel Mouesca : Mais la France persiste à ne pas vouloir entendre cette requête. Pas plus qu'elle ne prend en compte la demande du CPT de limiter drastiquement la durée de cette mesure.

VV : Au 1er janvier 2010, 482 détenus étaient placés à l'isolement dans les prisons françaises.

GM : Et, à cette date, 98 d'entre eux s'y trouvaient depuis plus d'un an. Certains s'y trouvaient de façon quasi continue depuis plus de six ans, voire douze ans.

VV : La Cour de Strasbourg s'est aussi préoccupée des fouilles intégrales effectuées à l'issue des parloirs. Considérant que ces fouilles étaient non justifiées sur le plan de la sécurité, et à l'origine d'un sentiment d'arbitraire, d'infériorité, d'angoisse et d'une profonde atteinte à la dignité, elle les a estimées constitutives d'un traitement dégradant. Et a condamné la France, notamment en juin 2007.

GM : La loi pénitentiaire est censée avoir un tant soit peu « amélioré » ce point. Le législateur a ainsi entendu mettre un terme à la pratique des fouilles à nu systématiques et généralisées des détenus pratiquées au seul motif qu'ils ont eu accès à certains lieux de la détention comme les parloirs. Mais l'administration n'en a cure. Cette pratique est toujours d'actualité dans nombre d'établissements.

Le Commissaire européen aux Droits de l'homme

Véronique Vasseur : Le Commissaire aux Droits de l'homme du Conseil de l'Europe avait pourtant, lui aussi, fait savoir à la France ce qu'il pensait des fouilles corporelles. Dans le rapport qui a suivi sa visite de mai 2008, il avertissait qu'il serait vigilant à ce que cette pratique soit strictement encadrée.

Gabriel Mouesca : Dans le même document, il exprimait également son opposition à la légalisation des régimes de détention différenciés par le biais de la loi pénitentiaire.

VV : C'est pourtant ce qui s'est passé…

GM : Et même ce qui se passe une fois sur deux avec les recommandations venant de l'Europe. La France résiste aux pressions du Commissaire aux Droits de l'homme comme à celles du CPT ou de la Cour. Mais – j'allais dire – on progresse. Avant, c'était huit fois sur dix qu'elle disait non…

VV : Notre pays mène vraiment des combats d'arrière-garde.

GM : Et sa mauvaise foi se révèle sans borne. Alors que le dernier rapport du Commissaire constituait un acte d'accusation de la première à la dernière page, elle n'a rien trouvé de mieux que de rédiger un communiqué d'autosatisfaction prétendant qu'il la félicitait pour son « respect effectif des Droits de l'homme des détenus »…

VV : … alors que ces mots sont seulement le titre d'une rubrique du rapport ! La suite donne l'appréciation du commissaire sur ce point, laquelle n'a rien d'élogieux…

GM : Autrc exemple flagrant de tromperie : on a essayé de faire croire que, depuis 2006, les Règles pénitentiaires européennes (RPE) sont devenues une « charte d'action » et un « cadre éthique » appliqués chez nous…

Les Règles pénitentiaires européennes

Véronique Vasseur : Mieux, le ministère fait croire à qui veut bien l'entendre qu'il n'y a plus l'épaisseur d'un papier à cigarette entre le Code de procédure pénale et ce que disent les 108 règles du Conseil de l'Europe.

Gabriel Mouesca : Car chacune d'entre elles a été scrupuleusement retranscrite dans le droit français au moment de la loi pénitentiaire…

VV : Or, c'est encore un mensonge.

GM : D'évidence. Revenons à l'exemple emblématique de la règle 50 qui prévoit que les détenus doivent être autorisés à discuter ensemble de leurs conditions de détention et à communiquer avec les autorités à ce sujet. Or rien de tel n'est possible.

VV : Je suggère que l'administration pénitentiaire nous démontre que nous avons tort et permette aux détenus de chaque prison de France de s'exprimer collectivement… sur l'effectivité de cette retranscription des RPE dans le droit pénitentiaire. Qu'elle organise partout, dans la foulée, une discussion entre les détenus, les surveillants et les conseillers d'insertion et de probation. Je suis certaine que les personnels ont beaucoup de choses à dire à ce propos.

GM : Mieux vaut s'asseoir en attendant, car on risque de patienter longtemps…

VV : Et si cette administration veut nous convaincre qu'elle est désormais une maison de verre, le modèle de transparence qu'elle prétend être, je lui suggère une façon très simple de le prouver : qu'elle s'explique publiquement sur les raisons pour lesquelles les membres de la commission RPE ont présenté collectivement leur démission en décembre 2010.

GM : Quelques mots d'explication semblent nécessaires…

VV : Bien volontiers. La pénitentiaire a créé, en octobre 2008, une commission de « 12 personnalités indépendantes et qualifiées », auxquelles il revenait de formuler un avis sur l'attribution ou non d'un « label qualité RPE » aux établissements ayant mis en place un dispositif d'accueil des détenus arrivants.

GM : Ce qu'elles ont fait. Au moment de leur démission, une soixantaine de « circuits arrivants » s'étaient déjà vus décerner ce « label RPE ». On peut penser, sans grand risque de se tromper, que le nombre d'établissements ainsi « récompensés » a, désormais, doublé.

VV : Aucun risque que tu te trompes, car c'est précisément le but de l'opération. Il s'agit de multiplier comme des petits pains les sites susceptibles d'être présentés aux médias comme des « prisons modèles ».

GM : La ficelle est un peu grosse.

VV : Elle l'est. Mais la politique de communication de cette administration ne brille pas par sa finesse.

GM : Qui peut croire qu'en ripolinant seulement la porte d'entrée d'une masure on la transforme en endroit habitable ?

VV : N'importe qui, à partir du moment où on ne lui montre que cette porte d'entrée…

GM : La démission des membres de la commission est liée à leur refus d'être associés à une aussi pitoyable opération de communication.

VV : Sans aucun doute, même s'il est difficile pour quiconque d'admettre s'être fait rouler dans la farine durant deux ans sans rien pressentir de ce qui arrivait.

GM : Certains avaient cependant rapidement compris, et étaient partis avec pertes et fracas au bout d'à peine quelques semaines.

VV : Reste l'explication officielle : le rattachement de ladite commission à l'état-major de sécurité.

GM : Autrement dit, au service qui détient l'essentiel du pouvoir au sein de la direction de l'administration pénitentiaire. Et dont le nom vaut carte d'identité…

VV : Vu la philosophie des RPE, il aurait été plus logique de rattacher cette commission à l'état-major de la réinsertion…

GM : … qui n'existe pas.

VV : Bien évidemment. Et qui n'est pas prêt d'exister.

Épilogue…

Véronique Vasseur : Gabriel, sonne l'heure de clore notre discussion.

Gabriel Mouesca : Et vient le moment de présenter des excuses à ceux que nos propos ont pu blesser ou heurter. On nous tancera probablement d'avoir pioché dans nos mémoires selon un tri sélectif, et on aura raison. Comme on n'aura pas tort de reprocher notre façon de blâmer toujours, et à tout propos, l'administration pénitentiaire…

VV : Ceux qui nous connaissent un tant soit peu, et ceux qui ont appris à nous connaître au fil de ce dialogue ne nous feront cependant pas de mauvais procès sur ce point. Ils auront, j'espère, compris que nous ne mettons pas dans le même sac l'institution elle-même et les hommes et femmes qui y travaillent ou y interviennent.

GM : Tout cela méritait néanmoins d'être précisé. Cette chronique des années 2000 ne peut en tout cas se terminer sans dire quelques mots de la peine et de la sanction en général, et de la prison en particulier.

VV : Des questions qui vont nous permettre de prendre un peu de recul par rapport à ce que nous avons pu expliquer jusque-là.

GM : Prendre du recul, c'est sans doute commencer par rappeler que toute société redéfinit, à chaque étape de son évolution, les actes ou comportements qu'elle n'accepte pas de ses membres. Donc que la ligne jaune indiquée par un Code pénal n'est ni statique ni immuable. Les mentalités évoluent. Il peut très bien être décidé du jour au lendemain d'incriminer tel comportement ou, à l'inverse, de décriminaliser tel autre. Nous avons ainsi tous en tête les exemples de l'ancien délit de vagabondage ou du crime que constituait l'homosexualité autrefois.

VV : Gardons toutefois à l'esprit que le nombre d'infractions prévues par le Code pénal ne cesse d'augmenter. On en répertorie plus de 10 000 différentes aujourd'hui. Comme quoi, le législateur ne chôme pas…

GM : La police et la justice non plus… Chaque année, la première constate un million d'infractions tandis que la seconde prononce 650 000 condamnations. Des délits étant sanctionnés dans 91 % des cas, les crimes représentent seulement

– si j'ose dire – 0,5 % des condamnations. Le reste relève des contraventions.

VV : Pour un crime, toute sanction autre que la prison est l'exception. Pour un délit, l'emprisonnement est prononcé plus d'une fois sur deux, que la peine soit ferme ou assortie d'un sursis partiel voire total. Au final, dans plus d'un cas sur cinq, la condamnation aboutit à un placement sous écrou, donc – au moins en théorie – à une incarcération.

GM : On en comptabilise en moyenne 85 000 par an sur la dernière décennie. C'est ce que l'on appelle le « flux » d'entrées en prison. À ne pas confondre avec le « stock » de détenus – pour user du langage fleuri de l'administration – se situant, lui, autour de 56 500 en moyenne sur la même période.

VV : En a-t-on fini avec les chiffres ?

GM : Oui.

VV : Je veux maintenant dire deux ou trois choses de l'approche de la peine sur laquelle repose notre système judiciaire. Chacun la sait fruit d'un héritage culturel et religieux où la souffrance est le point de passage obligé vers la repentance et le pardon.

GM : Chaque lecteur nous ayant accompagnés jusqu'à ce stade de la discussion n'ignore donc plus la souffrance subie lorsque la peine prend la forme de l'emprisonnement. Mais, on peut supposer que rares sont ceux qui savent que le pardon demeure, comment dire…

VV : … une vue de l'esprit !

GM : Oui, on peut l'exprimer ainsi. Le casier judiciaire pèse en effet de tout son poids dans la balance de la Justice. Je puis en témoigner… Quant à la repentance, elle est, au moins, autant chimérique.

VV : Une fois la peine débarrassée de son maquillage, reste la réalité crue d'une prison qui n'a d'autre ambition que de s'en prendre à la personne. C'est d'ailleurs l'étymologie du mot prison, la « prise de corps ». Le coupable a fauté, alors il doit payer. On est exclusivement dans le registre du châtiment.

GM : Ce qui fait des débats sur « le sens de la peine » une hypocrisie sans nom. On cherche à se donner bonne conscience en avançant que la prison sert à ceci ou devrait servir à cela.

VV : Arrêtons ces histoires à dormir debout. La prison ne sert qu'à une chose : se débarrasser de ceux dont la société ne veut plus entendre parler !

GM : Et même cantonné à cette seule finalité, l'emprisonnement relève de la solution à courte vue... On l'a dit, mais il faut sans doute insister, une fois sur deux, il y a récidive et retour à la case prison.

VV : Il faut donc dépasser la conception archaïque d'une peine enfermée dans sa logique de punition. Et réinventer l'univers qui en découle : la pénitence, le pénitencier. Rien que le mot « pénitentiaire » dit son programme.

GM : Cette remise en cause fait son chemin. Je dis souvent aux enfants rencontrés dans les écoles, aux jeunes des cités, aux adultes à qui je m'adresse lors de débats, ce que répète inlassablement l'historienne Michelle Perrot : la prison n'a pas toujours été présente dans notre paysage. Et tous me répondent spontanément : « Donc, elle ne le sera pas éternellement. » Voilà qui me rend optimiste.

VV : J'ajoute qu'il ne viendrait aujourd'hui à personne l'idée d'inventer la prison si elle n'existait pas...

GM : On peut l'espérer. On a du reste effectué un grand pas en ne condamnant plus certains de nos contemporains à finir entre quatre planches. Néanmoins, on s'est arrêté au milieu du gué en continuant à croire qu'il fallait attendre quelque chose de bon en les cloîtrant entre quatre murs.

VV : Franchement, comment peut-on attendre encore de quelqu'un qu'il se construise un avenir dans les 9 m^2 d'une cellule, coupé des siens, coupé de tout et sorti de la vie réelle dans laquelle il lui faudra retrouver une place !

GM : La peine capitale est bien évidemment d'une tout autre nature que celle de prison, mais passer de l'une à l'autre ne signifie pas le passage de la barbarie à la civilisation.

VV : En tout cas, l'abolition de la peine de mort a eu pour effet de revitaliser ce que j'appelle l'utopie carcérale.

GM : Dont on peut craindre qu'elle conserve encore de beaux jours devant elle, tant la prison est devenue un marché économique de premier ordre.

VV : Avec des groupes privés que l'on nourrit en faisant reconstruire la moitié du parc carcéral depuis vingt-cinq ans et qui vont s'engraisser à outrance pendant encore trente ans dans la mesure où on leur a confié la gestion des établissements qu'ils ont bâtis. La prison est devenue une affaire rentable…

GM : On peut même dire qu'elle se porte bien… Nicolas Sarkozy, et avant lui ses amis politiques, nous auront laissé comme héritage quelque 30 000 places supplémentaires.

VV : J'appréhende les années qui viennent. Qu'une société comme la nôtre élève sa capacité de détention de 50 000 à 80 000 est symptomatique d'un corps social mal en point, malade de ses propres peurs.

GM : Des peurs qui font le lit de toutes les démagogies.

VV : Qui, elles-mêmes, n'ont d'autre effet que d'alimenter un sentiment impalpable mais bien réel d'insécurité. Il faut s'extraire de cette mécanique infernale.

GM : On en revient au renversement de perspective que réclame le Conseil de l'Europe.

VV : Et sur lequel nous allons conclure.

GM : Nulle trace, dans les Règles pénitentiaires européennes, du mot « récidive ». Ce n'est en rien un hasard.

VV : Et pour cause, elles abordent la question sous un autre angle, avec un mot que l'on devra intégrer à notre vocabulaire. Celui de « désistance ». Ce concept repose sur un constat : on ne sort pas de la spirale de la délinquance grâce à un coup de baguette magique, ou parce que M. Sarkozy le demande. La personne doit parfois s'y prendre à deux, trois ou quatre reprises.

GM : L'image la plus parlante, pour que chacun te comprenne, est celle des ricochets du caillou sur l'eau. Le second est moins ample que le premier, le troisième que le second, et ainsi de suite.

VV : Cela ne signifie pas qu'il faille attendre en s'armant de patience.

GM : Comme le fait la prison…

VV : … ou regarder en restant les bras ballants…

GM : … comme on le fait avec le bracelet électronique.

VV : Cela veut au contraire dire agir à un niveau dramatiquement absent jusque-là, celui de l'humain.

GM : On va te répliquer que tu es dans l'angélisme ou le compassionnel. En tout cas, dans une empathie déplacée envers d'aussi sinistres individus…

VV : On peut continuer à regarder le délinquant ou le criminel sous le prisme de ses défauts, de ses incapacités, des problèmes qu'il nous pose, et on en trouvera toujours, on puisera éternellement matière à renoncer, à lui tourner le dos et à le laisser dans sa merde. Mais on peut songer aussi que cette façon de faire est dépassée.

GM : Les criminologues du Conseil de l'Europe nous indiquent une autre route, expérimentée ici ou là avec succès. Une voie assez simple et de bon sens : regarder la personne dans sa globalité, donc avec ses défauts mais aussi ses qualités, avec ses incapacités mais aussi ses potentialités. Sans nier les problèmes qu'elle nous pose, mais en prenant en compte ceux auxquels elle se confronte.

VV : Dans ce cadre, c'est moins vers l'exclusion qu'il faut aller – comme le bannissement d'antan la pratiquait ou la prison d'aujourd'hui la représente.

GM : Ou comme on s'apprête à le faire avec l'élimination perpétuelle dans les centres de rétention de sûreté.

VV : Car tout cela a mené, mène et mènera – tu as raison – vers la même impasse.

GM : Cette autre voie, c'est celle de l'inclusion. Autrement dit, entourer et accompagner la personne au moment où elle en a le plus besoin, plutôt que la laisser à elle-même ou face à elle-même.

VV : Ce qui signifie, concrètement, d'identifier avec elle les difficultés qu'elle rencontre. Puis, avancer pas à pas, presque main dans la main, afin de les régler une à une. Le processus est long et coûteux, mais infiniment moins long et coûteux que la prison.

GM : Ce genre de démarches ne se conçoit guère lorsqu'on est enfermé entre quatre murs…

VV : Placer quelqu'un entre quatre murs n'est pas seulement le meilleur moyen de le condamner à tourner en rond, c'est aussi boucher tous ses horizons.

GM : À l'heure où le Sénat est appelé à connaître sa première grande alternance politique, on se prend à rêver qu'il se saisisse de cette question.

VV : Mon attente sera plus modeste que la tienne, une fois n'est pas coutume. Il me suffirait que le Sénat décide de reformer cette fameuse commission d'enquête. Je serai curieuse de voir la chambre des sages revenir, dix ans après, dans les prisons qu'elle avait visitées et auditionner de nouveau ceux qui lui avaient promis tant de choses. Je me demande le titre que les sénateurs donneraient à leur nouveau rapport !

Épilogue (2)…

Véronique Vasseur : Je crois que nous devons rajouter quelques mots… histoire de faire écho comme il se doit aux récentes petites misères qui nous sont faites…

Gabriel Mouesca : Honneur aux dames. Tu viens en effet d'apprendre que l'administration pénitentiaire refusait toujours, dix ans après la publication de ton livre, de te laisser remettre les pieds dans une prison…

VV : Exact. En ce début novembre, débuteront les premières prises de l'adaptation pour la télévision de mon ouvrage. Or le producteur a obtenu l'autorisation de tourner les nombreuses scènes se déroulant intra-muros au sein de la prison désaffectée de Rennes.

GM : Celle-là même où Nicolas Sarkozy s'était rendu en janvier 2007…

VV : Oui, là même où il avait lancé : « La

prison doit changer, la prison va changer. » Eh bien, on m'en a refusé l'entrée.

GM : Donc tu ne pourras conseiller l'équipe de tournage comme cela était prévu.

VV : Non. Alors qu'un bout de ma vie sera mis en images, la rancune dont est capable cette institution – plus forte que tout – m'empêche d'y assister.

GM : Moi qui venais de demander aux lecteurs de nous excuser d'avoir été parfois un peu léonins avec elle…

VV : Elle n'oublie rien. Ne l'as-tu pas toi-même constaté il y a quelques années quand l'ancien directeur de l'administration pénitentiaire t'avait interdit l'accès à l'École nationale de la magistrature dont il avait pris la direction.

GM : C'était en octobre 2004. Dans un courrier, il m'avait écrit : *Je vous informe que vous n'êtes pas convié et que si vous vous présentiez, vous n'y seriez pas reçu.*

VV : Un texte riche d'enseignements quant au fond de la pensée de ce patron de la pénitentiaire, magistrat de surcroît… La sortie de prison ne signifie en rien que l'on est quitte.

GM : Force est de constater que cette interdiction était un peu prémonitoire vu ce qu'il m'arrive aujourd'hui…

VV : Tu as en effet été contraint de renoncer à te présenter aux dernières élections sénatoriales.

GM : C'est cela. On a parlé dans nos entretiens du casier judiciaire qu'une ancienne personne détenue traîne comme un boulet et des diverses interdictions qui pèsent sur elle durant des années. Pour ma part, on m'a collé quarante-huit ans de privation de droits civiques.

VV : Puisque tu as été libéré en juillet 2001, tu devais donc retrouver ta pleine capacité civique en juillet 2011.

GM : En théorie… Car par courrier daté du 8 août dernier, le bureau des affaires juridiques de la direction des affaires criminelles et des grâces m'a informé que j'étais radié des listes électorales et que je ne pourrais demander à y être réinscrit avant le 10 novembre 2032.

VV : Autrement dit, tu n'as pu participer aux élections du 25 septembre 2011 et tu ne pourras prétendre au moindre mandat électif avant vingt et un ans.

GM : Voilà, mon incapacité électorale sera levée quand j'aurais 71 ans… Je suis donc éliminé du champ de la citoyenneté de façon perpétuelle.

VV : Je résume : je suis interdite de séjour en prison, et toi tu restes privé de tes droits civiques en liberté !

GM : Comme quoi, personne ne s'en prend impunément aux institutions de la République. Nous l'avons fait chacun à notre manière et en payons encore le prix.

VV : S'il fallait une bonne raison d'envisager un second tome de cet ouvrage, ces attitudes inadmissibles viennent de nous la fournir.

GM : Donc, rendez-vous dans dix ans… Pour voir si la prison et l'administration pénitentiaire ont changé…

Table